师范院校大学生创新创业基础

张东虎　刘　畅　著

清华大学出版社
北京

内 容 简 介

本书是面向高等师范院校全体学生的创新创业通识课教材,主要目的是向大学生普及创新创业基础知识,培养学生的创新思维和创业意识,为大学生创业者提供一本融理论性、系统性、思想性、时代性、工具性、实践性于一体的学习用书。

本书分为创新篇和创业篇两部分,共分为八个章节。创新篇包括第一至四章,分别是创新与创新意识、创新思维与教育创新风向、创新方法、创新思维工具。该篇主要介绍了与创新相关的知识,重点在于培养学生的创新思维和创新意识,同时使学生了解并把握教育行业创新思维的新方向。创业篇包括第五至八章,分别是创业与创业精神、创业环境与创业机会、商业模式与创业计划书、创业融资与创业大赛。该篇主要介绍了创业的基本知识,重点在于培养学生的创业意识,使学生树立正确、科学、合理的创业观,善于发现教育行业的创业机会。本书也是教育部产教协同育人项目"创新创业实践平台体系建设"、内蒙古自治区"创业基础"金课建设、"'鹿城英才工程'创新人才团队"、包头师范学院创新创业实践教学团队等成果之一。

本书可作为师范院校公共课规划基础教材,适合研究生、本科生、专科生使用,可以更好地培养学生的创新意识和创新思维,提升创业素养,拓宽创业思维,为创新创业赋能。

图书在版编目(CIP)数据

师范院校大学生创新创业基础/张东虎,刘畅著. —北京:清华大学出版社,2020.5(2024.7重印)
ISBN 978-7-302-55428-8

Ⅰ. ①师… Ⅱ. ①张… ②刘… Ⅲ. ①大学生—职业选择—高等师范院校—教材 Ⅳ. ①G647.38

中国版本图书馆 CIP 数据核字(2020)第 082011 号

责任编辑:张 瑜
装帧设计:杨玉兰
责任校对:吴春华
责任印制:杨 艳

出版发行:清华大学出版社
　　　　网　　　址:https://www.tup.com.cn, https://www.wqxuetang.com
　　　　地　　　址:北京清华大学学研大厦 A 座　　　邮　　编:100084
　　　　社 总 机:010-83470000　　　　　　　　　邮　　购:010-62786544
　　　　投稿与读者服务:010-62776969, c-service@tup.tsinghua.edu.cn
　　　　质量反馈:010-62772015, zhiliang@tup.tsinghua.edu.cn
印 装 者:三河市少明印务有限公司
经　　销:全国新华书店
开　　本:170mm×240mm　　　印　张:14.75　　　字　数:236 千字
版　　次:2020 年 7 月第 1 版　　　　　　　印　次:2024 年 7 月第 7 次印刷
定　　价:49.00 元

产品编号:086952-01

序言

实现中华民族伟大复兴是近代以来中华民族最伟大的梦想。习近平总书记指出"要向改革开放要动力，最大限度释放全社会创新创业创造动能，不断增强我国在世界大变局中的影响力、竞争力""'两个一百年'奋斗目标的实现、中华民族伟大复兴中国梦的实现，归根到底靠人才、靠教育""实现全面建成小康社会奋斗目标，实现社会主义现代化，实现中华民族伟大复兴，需要一批又一批德才兼备的有为人才为之奋斗"。艰难困苦，玉汝于成。创新创业教育应时代而生，不仅是经济社会发展的必然要求，更是高等教育人才培养的时代呼唤。

当前，高等院校正积极推进创新创业教育，深化创新创业教育改革，致力于新时代创新创业人才培养，这对于师范类院校而言具有更加特殊的意义。师范院校不仅仅要培养创新创业人才，更要培养具有创新创业教育理念和能力的教师，并通过他们去造就更多新时代的创新创业接班人。

近几年，包头师范学院在创新创业领域一直不断探索，积累了丰富的创新创业教育实践经验，并勇于创新探索，凝练出了"五位一体"的创新创业教育模式，建立了具有学校特色的创新创业教育品牌，走出了一条适合自身实际的特色之路。同时，学校积极整合校内外创新创业资源，师生共同开展创新创业实践，一批创业项目脱颖而出，在第五届"互联网+"大赛上获得了地方师范院校的优异成绩。

然而，"创"从来就不是一件轻松容易的事，它意味着寻求突破而且充满不确定性和复杂性。为此，张东虎老师带领一批志同道合者在这个过程中做出了艰苦的努力和有益的探索。

本书是张东虎院长基于包头师范学院创新创业教育实践积累和理论探索编写的，

具有师范类院校创新创业教育特色的通识教材。全书既能从创新创业的宏观角度拓宽视野，又能从微观角度注重点滴来培养学生的创新意识和创业能力，内容上做到由表及里、由浅入深。本书最大的亮点之一是突出了师范院校的特色，从未来教育的发展趋势入手，以案例解析的形式尽可能为师范生指明创新创业方向，实为师范类院校开展创新创业教育难得的教材。

子曰："己欲立而立人，己欲达而达人。"高校创新创业教育任重道远，在创新创业教育的不断实践和理论探索中，张东虎老师能将自己和贵校多年来创新创业教育的经验凝练提升后出版成集，甚是可贵。特在该教材付梓之际由衷祝福！是为序。

(国际劳工组织 KAB 创业教育中国研究所所长，

全国大学生创新创业联盟副理事长)

2020 年 6 月 22 日

前言

在"大众创业、万众创新"的时代背景下，深化高等学校创新创业教育改革，既是国家实施创新驱动发展战略、推动经济提质增效升级的迫切需要，也是推进高等教育综合改革、促进高校毕业生更高质量就业的重要举措。

2018 年 3 月，国务院总理在《2018 年国务院政府工作报告》中指出，"要把'大众创业、万众创新'打造成推动中国经济继续前行的'双引擎'之一。提供全方位创新创业服务，推进'双创'示范基地建设，鼓励大企业、高校和科研院所等开放创新资源，发展平台经济、共享经济，形成线上线下结合、产学研用协同、大中小企业融合的创新创业格局"。创新创业已成为社会发展的新动力，如何进一步加强高校创新创业教育，着力提升大学生创新创业能力，不仅是经济社会发展的必然要求，而且是高等教育人才培养的必然需求。

师范院校作为我国高校的重要组成部分，对我国教育事业的发展具有重要作用。师范院校是以培养具有足够专业素质、拥有较强教学技能，并将其所学知识传授给他人的院校。师范院校的人才培养不同于其他院校，人才培养创业就业的方向更趋向于教育行业。

师范院校的创新创业教育是培养未来师资，教师要传道授业解惑，只有教师具备创新思维和创业能力，才能培养未来学生的创新思维和创业能力。因此，师范院校的创新创业教育需要根据师范院校的特点来具体情况具体分析。

本书结合师范院校的特点，把握师范院校大学生在教育行业创新思维的新风向，找寻师范院校大学生在教育行业的创业机会，能够为师范院校大学生提供具有针对性的创新创业教育。

本书由张东虎负责统筹工作。全书包括创新篇和创业篇两部分，共分为八章。其中，第二、三、四、六、七、八章由张东虎负责撰写，第一、五章由刘畅负责撰写。每章设有内容提要、名人名言、案例导入、拓展阅读、本章回顾和思考与练习六个模块。

创新篇重点在于培养学生的创新思维和创新意识，同时使学生了解并把握教育行业创新思维的新风向。该篇包括第一至四章。

第一章：创新与创新意识。创新概述主要介绍了创新的定义、特征及分类；创新意识包含创新意识的定义、作用及如何培养创新意识。

第二章：创新思维与教育创新风向。创新思维主要介绍了创新思维的定义、特征及表现形式；教育创新风向主要介绍了移动互联网赋能教育创新、人工智能赋能教育创新、大数据赋能教育创新和 VR 技术赋能教育创新。

第三章：创新方法。主要介绍了快捷创新方法、奥斯本检核表法和 TRIZ 法。快捷创新方法包含组合创新法、列举创新法、移植创新法、类比创新法和模仿创新法；奥斯本检核表法主要介绍了什么是奥斯本检核表法，它的内容及实施步骤；TRIZ 法主要介绍了 TRIZ 理论的基本内容、九大理论体系及 TRIZ 法的应用。

第四章：创新思维工具。主要介绍了思维导图、鱼骨图、5W2H 分析法和六顶思考帽。思维导图包含思维导图的定义、类型、绘制和应用；鱼骨图包含鱼骨图的定义、类型及制作与使用；5W2H 分析法包含 5W2H 分析法的定义、优势及应用程序；六顶思考帽主要介绍了它的定义、作用、应用方法、案例分析。

创业篇重点在于培养学生的创业意识，使学生树立正确、科学、合理的创业观，善于发现教育行业的创业机会。该篇包括第五至八章。

第五章：创业与创业精神。创业概述主要介绍了创业的含义、要素及分类；创业精神主要介绍了创业精神的内涵、作用及培养。

第六章：创业环境与创业机会。创业环境主要介绍了创业环境的内涵、特征及分析维度；创业机会主要介绍了创业机会的内涵、特征、来源、分类及识别；此外，对教育行业的创业环境和创业机会进行了分析。

第七章：商业模式与创业计划书。商业模式主要介绍了商业模式的定义、价值逻辑及几种经典的商业模式；商业模式画布重点介绍了它的定义和构成；创业计划书主要介绍了创业计划书的定义、作用、基本内容及撰写创业计划书的注意事项。

第八章：创业融资与创业大赛。创业融资主要介绍了创业融资概述和创业路演概述；创业大赛主要介绍了创业大赛的由来、作用及常见的创业大赛。

本书在编写过程中，借鉴和参考了我国创新创业教育的理论研究方面的文献，以及一些专家学者的理论和观点，在此表示衷心感谢！

由于笔者水平有限，书中难免有不妥之处，恳请广大读者批评指正，并给予相应的建议和意见，以便更好地进行完善与修订。

编 者

目录

创 新 篇

创 业 篇

导论

党的十八大提出"要实施创新驱动发展战略",要求"深化科技体制改革,加快建设国家创新体系,着力构建以企业为主体、市场为导向、产学研用相结合的技术创新体系"。党的十八届五中全会通过的《中共中央关于制定国民经济和社会发展第十三个五年规划的建议》又提出:"激发创新创业活力,推动大众创业、万众创新,释放新需求,创造新供给。"党的十九大进一步提出,"不断推进理论创新、实践创新、制度创新、文化创新,以及其他各方面创新""要在 2035 年跻身于创新型国家前列""鼓励更多社会主体投身创新创业"。因此,加快推进创新创业,既是当前我国经济新形势发展的迫切需要,也是迈向全面建成小康社会的必然途径。

国务院《关于加快发展现代职业教育的决定》(国发〔2014〕19 号)中指出"建立有利于全体劳动者接受职业教育和培训的灵活学习制度,服务全民学习、终身学习,推进学习型社会建设""推进人才培养模式创新,推行项目教学、案例教学、工作过程导向教学等教学模式"。2010 年《教育部关于大力推进高等学校创新创业教育和大学生自主创业工作的意见》提出,要大力推进高等学校创新创业教育工作,加强创新创业教育课程体系建设,广泛开展创新创业实践活动,逐步探索建立有中国特色的创新创业教育理论体系,形成符合实际、切实可行的创新创业教育发展思路,指导创新创业教育改革发展。

全面推进创新创业教育,培养适应经济发展和社会需要的高素质的创新创业人才已经上升为国家战略,成为教育界特别是高等院校的重要任务之一。

一、新时代呼唤创新人才

当今世界,新一轮科技革命与产业变革相互交织、加速演进,科技创新日益成为推动世界经济增长、重塑全球经济格局的关键性力量。许多发达国家和新兴经济体纷纷把创新作为打造竞争优势的重要手段，以抢占未来发展的制高点。作为未来发展的核心战略，各国超前部署，加快推进创新创业战略，这被视为全球第四次创新创业浪潮的到来。

十九大报告提出了中国发展新的历史阶段——中国特色社会主义进入了新时代。新时代，社会对人才的需求发生了革命性的变化。创新型国家建设的目标呼唤创新型、创业型人才。

二、传统人才就业压力巨大

2019 年，我国高校应届毕业生人数高达 834 万人，创历史新高。全国高校毕业生一年比一年增多，就业形势依然严峻。毕业生人数的大幅增长，给社会就业带来了巨大的压力，大学生毕业季"就业难"的问题成为社会普遍关注的热点。

师范院校的大学生也不例外。当前严峻的就业形势，对师范院校的大学生提出了更高的挑战。众所周知，师范院校的主要功能是培养新时代的教师，这就决定了大多数师范生将从事教育行业。教育部原教育工作司司长许涛在第四届两岸四地师范大学校长论坛上透露："全国每年平均培养大约 65 万师范类毕业生，但需求量只有 25 万，这也就意味着至少每年多出了近 40 万的师范类毕业生。"[①]华东师范大学原校长陈群教授在列举了 2017 年师范类毕业生的数据后表示："2017 年全国范围基础教育招聘的师资中，1/4 来自非师范大学[②]。"

三、师范院校重任在肩

对师范院校而言，加强师范院校大学生的创新创业教育，有利于培养一支具有创新意识和创业能力的创新型人才队伍，为国家的创新创业活动提供人力支撑，进而促进师范院校整体创业氛围的提升和创新体系的完善。

教师的创新思维是实施素质教育的关键，教师要改变传统授课模式，要积极引导

---

① 席芳宽. 大学生职业发展与就业创业指导[M]. 上海：上海交通大学出版社，2016.
② 吴建章. 地方高校师范类大学生就业创业现状及对策分析[J]. 创新与创业教育，2016(7).

学生去创新，把着力点放在大学生的可持续发展上。师范院校的大学生可能会是未来的教师，师范院校的创新创业教育不仅是为国家培养创新创业型人才，而且是为国家培养创新创业型师资。只有未来的教师具有创新精神和创业能力，才能在未来的教育岗位上引导未来的学生进行创新，使他们的学生具有创新意识和创业能力。

四、大学生是创新创业的主力军

习近平总书记教育广大青年："梦想从学习开始、事业靠本领成就。"追求梦想、担当使命需要依靠过硬的本领，而练就过硬的本领则要依靠勤奋学习。大学生要把学习作为首要任务，不仅要学书本上的知识，更要学实践中的知识。

大学生作为创新的主力军和生力军，是一个富有想象力，拥有创造力的群体。大学生应该自觉树立创新意识，敢于突破陈规，积极探索新思想、新理论。通过强化专业知识学习，拓宽相关专业知识，积极参加社会实践，不断提高其自身创新能力，努力在改革开放新时代事业的奋斗中成为可堪大用、能担重任的栋梁之材。

创新篇

第一章

创新与创新意识

内容提要

习近平同志在欧美同学会成立 100 周年大会上讲道，创新是一个民族进步的灵魂，是一个国家兴旺发达的不竭动力，也是中华民族最深远的民族禀赋。在激烈的国际竞争中，唯创新者进，唯创新者强，唯创新者胜。由此可见，创新不管是对国家发展还是个人发展都至关重要。本章主要介绍创新的定义、特征和分类，以及创新意识的定义、作用和如何培养创新意识。通过本章的学习，主要目标是让大学生认识到创新的重要性，以及培养其自身的创新意识对个人成长至关重要。

名人名言

创新是企业家的具体工具，也就是他们借以利用变化作为开创一种新的事业和一项新的服务的机会的手段……企业家们需要有意识地去寻找创新的源泉，去寻找表明存在进行成功创新机会的情况变化及其征兆。他们还需要懂得进行成功的创新的原则并加以运用。

——彼得·德鲁克

💬 案例导入

松鼠 AI 带给世界的是教育上的颠覆式创新

从小就是个传奇人物

栗浩洋从小就是个传奇人物。8 岁就为计算机实验生写游戏程序，初中就读完了高中全部课程，荣获全国奥数一等奖，保送上海交通大学天才试点班。

据说，他 14 岁就会炒股，17 岁摆过街边摊，贩过卡带、帐篷和电脑，18 岁尝试各种社会实践，如法院、银行、矿业集团等。

22 岁身家千万，24 岁从欧洲工商管理硕士辍学，25 岁创办国内最早手机游戏公司，27 岁加入昂立教育并一路做到副总裁，10 年以后该公司上市。

2014 年，37 岁的栗浩洋创办义学教育——松鼠 AI……

栗浩洋从小爱读书。20 多年前，有一次他背包去青海旅游，30 多个小时的火车没有座位，他就拿着一本书如痴如醉地看到凌晨 4 点，旁边的农民工兄弟实在忍不住了，问："哥们儿，你什么书看得这么入神？给我也看看。"农民工兄弟硬把书要了过去，看了大概 3 分钟，然后一脸茫然："这本书的书名，是啥意思？"原来，那是叔本华的《作为意志和表象的世界》。

栗浩洋喜欢探险，像爬山、飙车，还有帆板、滑翔。他尤其喜欢阅读，也特别喜欢跟有深度思考能力的人去沟通、请教甚至是 PK，以此磨炼他的大脑，这变成了他特别重要的一个"休闲爱好"。

全球 AI 教育"吃螃蟹"

2014 年，早已实现财务自由的栗浩洋，把创业的目光瞄准了最早在美国兴起的 AI 教育。

"让每一个孩子明明白白知道自己的知识点哪里会、哪里不会，只学习自己不会的地方，减少 80% 的无效刷题时间；用 AI 系统通过和孩子的实时互动，实时优化推送给他难度相当的名师教学视频，让优等生感觉有挑战，让薄弱生感觉能听懂，让学习过程中的数据一目了然，做到心中有数！"

在美国乃至全球，绝大多数的 AI 教育都是辅助老师，不直接做内容和学生服务。

乂学教育——松鼠 AI 坚持"技术＋内容＋服务"三位一体，采用"70%AI 系统授课＋30%辅导老师辅助"的混合模式。这在全球属首创。

为了孵化出超级 AI 教师，栗浩洋不惜重金从海外顶级人工智能实验室和一线 AI 自适应教育技术公司聘用科学家，甚至为了说服他们，亲自前往美国，在米其林餐厅耗上几个小时从第一道菜一路吃到第七道，觥筹交错间对产品、战略甚至梦想无所不谈，吃到对方最后同意为止。

乂学教育——松鼠 AI 的研发团队来自全球三大人工智能自适应教育独角兽公司，首席科学家和首席架构师都是这三家公司里的核心技术人员。

栗浩洋带领团队做到了超纳米级的知识点拆分、对学习能力和学习方法的拆分、非关联知识点的关联概率、用错因重构知识地图、对抗模型。那么，松鼠 AI 人工智能老师究竟是一个什么样子？

当前，松鼠 AI 教育已经构建了细微到纳米级的知识图谱，对教学内容知识点进行了极细颗粒度的分拆。以初中数学为例，将教纲上的 300 多个知识点，拆分成 30000 个知识点进行名师讲解录制成统一视频。

同时自建题量达百万级的原创试题库，再通过与学员的交互，如测验、错因分析等对自适应算法模型进行训练。

乂学教育——松鼠 AI 还升级了 MCM 系统，可以在几分钟之内就快速检测出人的思维模式(Model of Thinking)、学习能力(Capacity)、学习方法(Method)，从而能够精准刻画学习者的用户画像，预测学习者的学习路径和学习时间。

目前，松鼠 AI 的注册学员人数达 200 万。付费用户第一季度比上年同期增长 14 倍，与此同时，松鼠 AI 已经覆盖全国 1900 多所线下教学中心。

"松鼠 AI 不是从美国复制过来的公司，已经是一个完全创新的公司。"全球机器学习教父、全球 AI 排名第一的 CMU 卡耐基梅隆大学计算机学院院长 Tom Mitchell 教授如此盛赞。

栗浩洋希望通过 10 年的时间，能够使乂学教育——松鼠 AI 的教学机器人不仅仅能够教学、提高分数，还能成为一个无所不能、无所不知的体系，培养孩子的想象力和创造力。

"让我们的每一个孩子都拥有像达·芬奇+爱因斯坦+苏格拉底合体的超级 AI 老师。"

（资料来源：https://mp.weixin.qq.com/s/6GEFfyLo2VfdEw6jVhCtrQ)

思考

松鼠 AI 的颠覆式创新体现在哪些方面？

第一节 创 新 概 述

一、创新的定义

老子曰"乾坤初始，土石金新开"。《周礼·考工记》云"知者创物，巧者述之、守之"。《国语·周语》中有"以创治生长"。可见对于创新，古人早就有所认识。

"创新"的概念首先是由美籍奥地利经济学家熊彼特在其 1912 年出版的《经济发展理论》一书中提出的。他认为创新是"使人力和物质资源拥有更大的物质生产能力的活动；任何改变现存物质财富创造潜力的方式都可以称为创新；创新是创造一种资源"。在他看来，创新绝不仅是一项原有的产品和服务的改进，而是提供与以前不同的经济满足，并使经济发展更有活力。创新是企业家精神的特殊手段，创新就是改变资源的产出，创新不一定是技术上的，甚至可以不是一个实实在在的"东西"。

由此可见，创新是指人类为了满足其自身的需求或社会需求，不断拓展对客观世界及其自身的认知与行为的过程和结果的活动。具体地讲，创新是指人为了一定的目的，遵循事物发展的规律，对事物的整体或其中的某些部分进行变革，从而使其得以更新或发展的活动。

二、创新的特征

(一)目的性

任何创新活动都有一定的目的，这个特性贯穿于创新过程的始终。创新特别强调效益的产生，它不仅仅要知道"是什么""为什么"，还要知道"有什么用，怎么样才能产生效益"。所以，创新是一个创造财富、产生效益的过程。

(二)新颖性

创新是对现有的不合理事物的扬弃，变革过时的内容，确立新的事物。创新不是模仿、再造，因此，新颖性是创新的首要特征。具体来说，新颖性又包括三个层次：一是世界新颖性或绝对新颖性；二是局部新颖性；三是主观新颖性，即只是对创造者个人来说是前所未有的。

(三)超前性

创新以求新为灵魂，具有超前性。这种超前性是从实际出发、实事求是的超前，并能在实践中得到检验。

(四)价值性

创新具有明显、具体的价值，对社会具有一定的经济效益。创新可以重新组合生产要素，从而改变资源产出，提高组织价值。对企业来说，创新利润是最重要、最基本的部分，也只有创新利润才能够反映出企业的价值。

(五)风险性

创新既可能成功，也可能失败，这种不确定性构成了创新的风险。因此，在创新过程中，只准成功、不许失败的要求是不切实际的。只可以通过科学的设计与严格的实施，尽可能地降低创新风险。

(六)动态性

创新是一个动态的过程。在知识经济条件下，唯一不变就是一切都在变，而且变化得越来越快。因此，任何创新都不可能是一劳永逸的，而只有不断地变革和创新，才能适应时代的要求。

三、创新的分类

(一)产品创新

产品创新(Product Innovation)是指创造某种新产品或对某一新或老产品的功能进行创新，是为了满足顾客的某种需求而进行创新。产品创新可分为全新产品创新和改进产品创新。全新产品创新是指产品用途及其原理有显著的变化；改进产品创新是指在技术原理没有重大变化的情况下，基于市场需求对现有产品所做的功能上的扩展和技术上的改进。全新产品创新的动力机制既有技术推进型，也有需求拉引型；改进产品创新的动力机制一般是需求拉引型。需求拉引型，即市场需求——构思——研究开发——生产——投入市场。

拓展阅读

百度智能音箱的创新

这是一种智能音箱控制方法，其创新在于：接收功能控制指令；对所述功能控制指令进行解析，得到对应的功能表达；根据预设关系信息查询与所述功能表达相对应的功能控制意图；将查询的功能控制意图发送至智能音箱，以执行所述功能控制意图对应的操作。这个逻辑关系如图1-1所示。

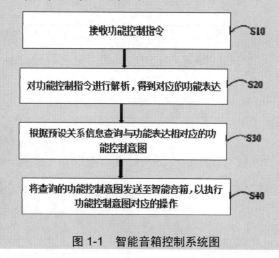

图1-1　智能音箱控制系统图

这个方案的创新方法，基本的信息路径就是：接收控制指令——解析控制指令——查表——发送操作指令。其关键点还是在于使用人的控制指令和硬件的操作指令之间的关联转换。这个操作流程和方法，实质上也是现有很多智能硬件的基本方式，也可以应用到更多的智能硬件中去。对于传统硬件的未来升级过程，也可以参照这个方法来做。

(资料来源：https://mp.weixin.qq.com/s/8NdK5UjU_IEpayYZBgdUbw)

(二)技术创新

技术创新是指企业家为了抓住市场潜在盈利机会，以获取经济利益为目的的，重组生产条件和要素，不断研制出新产品、新工艺、新技术，以获得市场认同的一个综合性过程。技术创新是为了达到保证质量、降低成本、保护环境或使生产过程更加安全和省力。

苏塞克斯大学的科学政策研究所(Science Policy Research Unit，SPRU)根据创新的重要性将技术创新划分为渐进性创新、根本性创新、技术系统的变革、技术—经济范式的变更。渐进性创新是在知识与技术积累基础上实现的局部或改良性的创新，一种由改良性创新不断积累而最终引致的根本性变化的创新。根本性创新是指由重大的不连续创新构成，强调核心设计理念的改变，以及全新产品/服务和工艺的推出[①]。技术系统的变革，是指伴随着新兴产业的出现，影响着若干经济领域，由若干相关联的技术所组成的创新群。技术—经济范式的变更，这类创新既包含很多根本性的创新群，又包含很多技术系统变更。

拓展阅读

飞利浦的渐进性创新

飞利浦是一家成立于1891年的荷兰公司，它的产品序列中既有我们耳熟能详的电灯泡、电动剃须刀，也有闻所未闻的自动减颤器、核磁共振设备和奶瓶。甚至，多年前它还曾涉足音乐领域，曾经通过旗下的宝丽金公司(PolyGram)与斯汀、艾尔

---

① 林春培. 企业外部创新网络对渐进性创新与根本性创新的影响[D]. 华南理工大学，2012.

顿·约翰等艺术家合作录制唱片。

贾博瑞 2015 年来到中国就发现，"现如今，中国的创新相比欧洲有过之而无不及。在这里，人人都在使用微信，我和中国团队的探讨多在微信上发生"。他认为，如今的中国消费者更喜欢创新，硬件公司需要提供给这些消费者更加智能化的产品。

不过这一过程并不是一蹴而就的，飞利浦也不想急于求成。这家荷兰公司在寻找一种人工智能的"渐进性创新"。

贾博瑞举了一个例子：起初飞利浦推出新安怡(Avent)品牌，但从消费者和用户那里得到的反馈是，他们不仅想要优质的产品，还需要了解一些问题的解决办法。即将开始育儿之旅的父母们往往会遇到很多问题。对于这些父母而言，一切都是新的，需要寻求他人的建议。他们有时求助于医生，有时求助于助产士，每天都会有新的问题。因此，飞利浦开发了"孕期+"(Pregnancy+)和"婴儿+"(Baby+)平台，每天人们都可以去这里寻找答案。"这是我们提供的一项免费服务，从怀孕第一天起，人们就可以从中获取建议并找到问题的答案"。

他称这种变化为"自适应式的创新"。贾博瑞认为，用户需要更加个性化的产品，这就需要飞利浦融合软件、自适应智能、传感器等技术，提供创新、整合、互联的解决方案。

未来，飞利浦的大部分产品将由自适应智能技术支持。飞利浦在剃须刀产品、口腔护理、睡眠和呼吸护理中都使用到了自适应智能技术，也将其用于家用电器和厨房用具。比如，飞利浦有一款搅拌机产品，它会显示确切的营养量，不仅显示热量，还可以根据测量结果显示产品中的盐、糖和维生素含量。

显然，这家老公司希望通过自适应智能技术来让其产品可以更具价值。飞利浦的一款牙刷上搭配带有辅导、刷头重新排序和远程医疗等功能的应用程序。如果你感到牙痛，并且不方便就医，可以拍照发送给飞利浦，公司会在 24 小时内给出治疗建议。这家荷兰公司正在朝着从提供产品到提供一系列解决方案，再到提供服务上延伸，通过这种服务可以为顾客提供虚拟的建议，就如同配备了一名虚拟的医生一样。这不仅让消费者感兴趣，也让牙医和保险公司感兴趣。牙医和保险公司明白，如果牙病患者使用飞利浦牙刷，那么他们的牙齿问题将会减少，从而降低成本。

"我们从软件驱动的解决方案中看到了很大的潜力。因此，我们在软件方面投入了大量的资金。我们正从纯粹提供硬件产品层面转向提供硬软件相结合的层面，这是因为我们看到了优质产品与附加服务和智能相结合的光明未来。"贾博瑞说。

不仅如此，飞利浦知道，它需要更多中国本土公司的帮助才能成功。贾博瑞称中国为"第二故乡"，原因不仅在于中国为其全球业务贡献了 24 亿欧元的收入，已经成为飞利浦的全球第二大市场，更重要的是，中国拥有领先于全球的人工智能技术。

实际上，在 2018 年，飞利浦中国就宣布在上海成立人工智能实验室。目前，在飞利浦全球有 60%的研发人员专注于软件开发，其中大部分研究人员同时从事人工智能研究。飞利浦首席创新与战略官杰罗恩·塔斯指出："自适应智能，是关于人自身能力与技术的结合，从而构建能改善人们生活的解决方案。"

应该说，这家荷兰公司善于将一种理念带到一个新的市场，然后占领这个市场。从最早的电动牙刷到现在的人工智能自适应式创新都是这样。飞利浦曾经把口腔护理这一理念带到中国，而在这个领域里，它是全球首屈一指的领导者。现在中国市场对口腔护理的需求十分大，目前市场上只有 5%的人使用电动牙刷，而飞利浦从临床研究中得知，电动牙刷确实有助于口腔保健。

正如贾博瑞所说："飞利浦这家老牌公司正在改变自己，从硬件到软件，从提供产品到提供服务。我们希望尽可能地让人们健康长久地生活。"

(资料来源：https://mp.weixin.qq.com/s/775meXUxwERTutMjBwoFRw)

(三)制度创新

制度创新是从社会经济角度来分析企业系统中各成员间正式关系的调整和变革[①]。企业制度创新主要是从产权制度、经营制度和管理制度三个方面进行创新。

企业制度创新的本质是企业在进行制度建设和创新之前最应该了解的是企业的实际需要是什么，这样企业制度建设和创新才会具有针对性。任何企业制度及其设计理念都必须与时代的变迁相适应，并且要依据企业经营环境和企业经营管理的实际需要而发展变化。企业制度创新的目标是有效地调动组织中员工的工作积极性，挖掘人才潜力。这样才能使企业利润达到最大化，保持企业的持续发展。进行企业制度创新要

---

① 叶敏，谭润志，杨荣. 大学生创新创业教育[M]. 上海：上海交通大学出版社，2016.

考虑到每一个主体的利益，包括企业的创始人、出资人、企业的管理者和员工。衡量一个企业制度是好是坏，要看它对企业自身的长远发展和利益增长需要是否有利。从根本上来讲，制度创新是在这样的情况下发生的：如果旧的制度已经完全不能适应新的经营战略的要求，非但不能对员工起到激励作用，反而成为一种阻碍，当其阻碍了企业绩效的提高时，就需要变革与创新，因此企业最终能否实现制度创新，最重要的问题是能否让企业真正受益。

第二节　创　新　意　识

一、创新意识的定义

马克思主义认为，"意识是人脑的机能，是客观存在的主观映像""从总体上讲，意识是知、情、意三者的统一"。"知"是指人类对世界的知识性和理性的追求，它与认识的内涵是统一的；"情"是指情感，指人类对于客观事物的感受和评价，它表现为热爱、仇恨、满意度、不足，以及自身喜、怒、哀、乐等心理体验和心理活动；"意"是指意志，指人类追求某种目的和理想时表现出来的自我克制、毅力、信心等精神状态[1]。意识是以思维为核心，经过思维后形成的概念和理论系统，是个体行为的一种内在驱动力，具有明确的目的性、方向性和能动性。从马克思主义的角度定义的意识是一个复杂的系统[2]。

有学者认为创新意识是对客观物质世界的探求过程中，形成的一种新思想的心理动机，是一种试图发现问题、积极探索的心理取向。也有学者认为创新意识是人们根据社会和个体生活发展的需要，形成创造前所未有的客观事物或主观思想的意识，并显示为创作理念、思路和想法。更有一些学者认为，创新是促进创新、追求创新，形成活跃的创新理念和意识，但不盲从、敢于标新立异、有独特精神追求的思想活动。

---

[1] 江德兴. 马克思主义哲学原理[M]. 镇江：江苏大学出版社，2003.
[2] 杨向荣，陈伟. 大学生创新实践指导[M]. 北京：冶金工业出版社，2011.

拓展阅读

Airbnb(爱彼迎)的颠覆和改变

近年来，世界各地的旅行者开始使用 Airbnb 网站预订，安排自己外出旅行的食宿。这个中文名称"爱彼迎"的服务型网站成立于 2008 年，2011 年，Airbnb 服务令人难以置信地增长了 800%。2017 年 3 月 10 日，据英国 Sky News 报道，Airbnb 向美国证券交易委员会递交的文件显示，Airbnb 开始了新一轮的融资，发售了价值 10 亿美元的股份，这一轮最新融资有 40 余家机构参与，该公司估值也由此达到 310 亿美元。Airbnb 是一个旅行房屋租赁社区，用户可通过网络或手机应用程序发布、搜索度假房屋租赁信息并完成在线预订程序。据官网显示及媒体报道，其社区平台在 191 个国家和地区、65000 个城市为旅行者们提供数以百万计的独特入住选择，不管是公寓、别墅、城堡还是树屋，Airbnb 被时代周刊称为"住房中的 eBay"。首先，Airbnb 改变了人们的租住意识。人们大都不愿意让陌生人住进自己家里，安全问题、隐私问题、各种问题，一直让房东们望而却步。对客人来讲也是一样的。2011 年 7 月，一位 Airbnb 的房东遭洗劫，人们指责 Airbnb 一些政策的不完善，Airbnb 遭遇了前所未有的信任危机。当然，最终 Airbnb 挺过了那次危机。经历了一次打击后，Airbnb 更强健了。其次，Airbnb 改变了它所在的行业。Airbnb 红了之后，市场上出现不少 Airbnb 的效仿者。有的效仿者原封不动抄袭了 Airbnb，如 HouseTrip 和 Wimdu，以及国内的一些团队，他们利用 Airbnb 没有能力垄断全部市场这一机会迅速崛起。破坏性颠覆，极具创新智慧——Airbnb 这个家庭房间分享帝国已经成为全球较大的寄宿提供商，并且获得了 Inc.评选的 2014 年度大奖。

(资料来源：刘万辅. 大学生创业与创新教程[M]. 天津：南开大学出版社，2016.)

二、创新意识的作用

(一)决定作用

创新意识是决定一个国家、民族创新能力最直接的精神力量。现如今，一个国家的创新能力决定着一个国家和民族在国际上的地位，一个国家和民族想要屹立于世界之上，必须重视国家和民族的创新意识，它是决定国家和民族自身发展与生存的关键点。例如，以色列是一个中东小国，却成为全球闻名的"创新的国度"。

(二)驱动作用

创新意识促成社会多种因素的变化，推动社会的全面进步。创新意识根源于社会生产方式，它的形势和发展必然进一步推动社会生产方式的进步，从而带动经济的飞速发展，促进上层建筑的进步。创新意识进一步推动人的思想解放，有利于人们形成开拓意识、领先意识等先进观念；创新意识会促进社会政治向更加民主、宽容的方向发展，这是创新发展需要的基本社会条件。这些条件反过来又促进创新意识的扩展，更有利于创新活动的进行。

(三)调控作用

创新意识能促成人才素质结构的变化，能够提高人才的竞争力。创新实质上确定了新的人才标准，代表着人才素质变化的性质和方向，它输出一种重要的信息：国家和社会发展需要具有创新意识、开拓精神的人。它客观上引导人们朝着这个目标提高其自身的素质，使人的竞争力在更高的层次上得以确证。它激发着人的主体性、能动性、创造性的进一步发挥，从而使人自身的内涵获得极大的丰富和扩展。

三、创新意识的培养

马克思主义认为："内因是事物发展变化的根据，它规定了事物发展的基本趋势和方向，外因是事物发展变化不可缺少的条件，外因的作用无论多大，也必须通过内因才能起作用。"由此可见，大学生应积极主动培养和提高其自身的创新意识。

(一)积累丰富知识，提升专业能力

如今是知识爆炸的年代，谁一旦掌握了知识，谁就掌握了创新的源泉。创新离不开知识的积累，一个人不可能学尽天下所有的知识，但可以尽可能做到知识面广。也不能"样样通，样样松"，而是必须深入掌握一门知识，有了必备的知识做理论基础，才能更好地发挥自己的主观能动性。当今大学生，应该积极响应时代创新的号

召，认真努力学习，扎实巩固自己的专业知识，从而提高自身的专业技能。不同领域的创新都是在一定的知识基础上产生的，一个人要有所成就，必须长期专注于某一领域，打好知识基础，才能为在该一领域进行创新提供条件。

(二)增强好奇心，善于发现问题

多项调查显示，我国高校大学生对创新的概念有一定的认识度，也愿意用积极的态度去创新，觉得创新是自己应该拥有的一种能力，但大多数学生缺乏好奇心。众所周知，好奇心能够激发人们对周围世界产生求知欲，并诱使人们对未知现象进行探索研究，从而丰富人们自身的阅历知识，这是培养大学生创新意识的一个重要的因素。因此，大学生要加强其自身好奇心的培养。具体而言，大学生每天都要善于发现新问题，并积极搜集资料，通过多方渠道进行探索研究，最终寻求解决问题的最佳方案。

(三)坚持独立思考，具有质疑精神

思维定式严重阻碍了大学生思维的开放性和灵活性，造成思维的僵化和呆板。大学生在学习的过程中不善于怀疑和反思，不利于激发其自身的创新意识。从古至今，世界上众多的发明家和科学家所共有的一种品质就是不迷信权威、大胆怀疑、勇于攻坚克难、敢于创新。大学生想要培养创新意识，就需要有批判精神并坚持独立思考。从原始社会到遥远的未来，社会总是在后人纠正前人错误的过程中发展。由于历史的局限性，人们犯错误是在所难免的，人们在创新的过程中，也会出现这样或那样的错误，即便是聪明伟大的科学家也不例外。亚里士多德关于物体下落快慢与重量成正比的论断整整统治了世界 2000 年。伽利略不迷信权威，大胆地批判这一论断，通过比萨斜塔实验，推翻了亚里士多德的论断，从而创立了自由落体定律。质疑是创新的前提，怀疑是创新的开始。坚持用自己的观点看世界，坚持独立思考，在自主学习过程中，要敢于质疑、敢于批评、敢于挑战权威，从而增强自己的创新意识。同时要有实事求是、细致入微的科学态度。

"没有对常规的挑战，就没有创造，而对常规的挑战的第一步就是提问，"法国著名作家巴尔扎克也说："打开一切科学的钥匙都毫无疑问的是问号，我们大部分伟大发现都应归功于'如何'，而生活的伟大智慧大概在于逢事都问个'为什么'。"

因此，大学生要有质疑的精神，遇到任何事情、任何问题，哪怕是自己以前知道的东西，只要涉及了新的内容，就要进行质疑，要多问自己为什么，并千方百计寻找答案。爱因斯坦说："提出一个问题往往比解决一个问题更重要，因为解决问题也许仅是个数学上或实验上的技能而已，而提出新的问题、新的可能性，从新的角度去看旧的问题，却需要创造性的想象力，而且标志着科学的真正进步。"

(四)参与实践活动，培养创新兴趣

良好的创新环境有助于激发创新意识，活跃的氛围和环境可以给大学生带来产生创新意识的灵感。大学生既可以积极主动营造创新氛围，也可以成立自己的创新小组，如创新宿舍文化、班级文化、社团文化等，还要充分利用周围的各种资源进行创新，如图书馆、资料室、实验室等，这些场所通常能激发学生的创新和创作灵感。另外，创新不仅仅需要长期的、艰苦的思想上的积极努力，更需要勇于探索和实践。实践的过程就是理论联系实际的过程，是信息加工、动手操作和技术运用相互协作的过程，也是大学生培养创新意识，提高其自身创新能力的有效途径。大学生可以走出校园，走进社会，参加一些社会调研，善于发现问题，提高自己解决问题的能力。了解当前的环境和条件并充分利用它们，采取理论和实际相结合的模式进行创新意识的培养。

在人类历史上，每一位创新成功者都遵循一个共同的规律：他们都是在自己爱好的领域，做着自己爱好的事业。可见培养创新兴趣是养成创新意识的良好的素质之一，浓厚的创新兴趣，可以产生积极的学习态度，自觉克服困难、排除干扰。善于观察新鲜的事物，提出问题，进行讨论研究，面对学校或社会的创新实践活动，要以饱满的心态去参与，培养强大的创新兴趣，强烈的求知欲能够增加创新活动的动力，有利于养成思想健康、积极向上的创新意识。

(五)挑战创新任务，坚定创新意志

新能源汽车特斯拉公司 CEO 埃隆·马斯克就是一个具有强大创新动力的人，他对创新的"野心"使得大家称他为硅谷"钢铁侠"，31 岁的他以 15 亿美元卖掉公司，拿着所有财产去投资航空航天、电动汽车和太阳能这三个与前沿科技密切相关的

行业，梦想着要用低成本进行技术革新，拯救全人类的伟大事业，所有人都觉得他疯了，拿着自己的人生去创新创造。而如今电动汽车技术已经在业界很成熟，太阳能城小区的概念也被投入量产，距离梦想越来越近。这种类似的榜样有很多，如爱迪生发明灯泡、地球探测科学专家黄大年的事迹。要鼓励大学生有坚定的毅力，敢于挑战别人不敢挑战的领域，做第一个敢吃螃蟹的人。千磨万击还坚劲，任尔东西南北风。在创新这条道路上，不管遇到什么苦难、什么风险和无数次的失败，都要挺得住、吃得苦、不得半途而废，咬定青山不放松的精神最终将使个人在创新的道路上勇往直前。

本章回顾

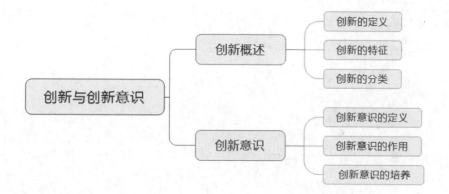

思考与练习

1. 创新有哪些类型？

2. 创新意识有哪些特征？

3. 大学生如何培养其自身的创新意识？

第二章

创新思维与教育创新风向

📁 内容提要

　　创新思维是指人运用独特、新颖的方式来解决问题的思维过程，通过这种思维突破常规思维的界限，以超常规甚至反常规的方法和视角审视问题，从而产生新颖的、独到的、具有社会意义的思维成果。它能够促使人不断进行创新，对于社会发展和个人能力提升都具有重要意义。通过学习，本章主要目标是提升大学生对创新思维的理解与应用，认识到创新思维是未来人生获得成功所需具备的重要素养。

名人名言

　　对于一个艺术家来说，如果能够打破常规，完全自由进行创作，其成绩往往会是惊人的。

——卓别林

📖 案例导入

秦砖汉瓦遗韵长

俞秋红：用创新思维让砖瓦砖雕技艺传下去

砖瓦，本是硬朗、粗犷之物，而女性，多细腻与柔情，这般的刚与那样的柔相融，赋予了俞秋红手中的砖瓦更多想象的空间。

沉淀百年的山黄泥化作掷地有声的"金砖"，并有了熠熠生辉的浮雕，俞秋红将传统雕刻工艺与现代艺术创新巧妙地融合在一起，既传承了古老手艺，又丰富了文化内涵，还开拓了当下市场。

变思路，迎来新生机

"'秦砖汉瓦'是会呼吸的，空气潮湿能吸收水分，气温升高水分又易蒸发，具有调节空气湿度的作用，并且干燥不易霉烂"。俞秋红说，先辈们留下来的传统建材，有着其独特的魅力与充沛的生命力。

2009年，俞秋红正式"出山"，成立了公司，并获批成为浙江省特许古建砖瓦生产企业。"接棒"后，俞秋红一直思索如何让传统手艺传下来、活下去。"产业反哺是必由之路"。俞秋红坦言，这就得转变思路，开拓更大的市场来支撑。

随着传统文化的回归，俞秋红捕捉到古建筑文化的春天来了。"在经历了美式、欧式风格后，现代建筑的装修开始返璞归真，具有文化底蕴的中式风格越来越受追捧，'秦砖汉瓦'应用得也越来越多"。俞秋红说，砖雕作为一种装饰艺术越来越受欢迎，以前父亲会参与很多新昌甚至外地古建筑的修葺和维护，我们就尝试把砖雕和古建筑艺术元素糅合起来，开发生产一些砖瓦和砖雕制品，制作出百余种规格和纹样的瓦当、滴水、筒瓦、板瓦、翘角、走兽、鱼龙回吻等古建筑构件。

同时，俞秋红还在提高产品质感、降低生产成本上做起文章，通过使用加工机械，改良传统技艺，实现了产品局部量产，有效解决了雕刻技师不足、老龄化等问题。

高品质又形式多样的砖雕产品颇受市场青睐。为了获得一件好的砖雕作品，有的客户不惜等上大半年，天功坊的年销售额也以每年30%以上的速度增长。

俞秋红欣喜于这门传统技艺的回归，也想让更多人了解、喜欢"秦砖汉瓦"。为了让"秦砖汉瓦"飞入寻常百姓家，俞秋红创新推出了练字砖、砖雕礼品摆件等产品，让老百姓在家中，也能感受传统文化的魅力。

做活态，复兴老行当

"我打算在这里做一个砖雕博物馆，并把它打造成一个砖雕技艺活态展示平台，不仅展示优秀的砖雕作品，更原汁原味呈现整个砖雕的制作过程，让参观者充分了解砖雕的技艺、特点和文化等，实现对这项非遗的继承、保护和发展"。在天功坊砖雕非遗文化园一个用"秦砖汉瓦"打造的四合院里，俞秋红介绍说。

父辈们用百年匠心精心呵护传统砖瓦与砖雕技艺，如今在继续做好砖雕的同时，俞秋红想让砖雕技艺保持活力并传承下去，让更多人看到它的魅力。2016年，俞秋红投资5000多万元在新昌县高新园区梅渚区块着手打造一个占地20亩，集非遗技艺保护传承、非遗文化交流、非遗技艺活态展示、非遗技艺自制体验和非遗文化旅游等功能于一体的综合性非遗文化园。"我的目标是将这里打造成一个'活态'的非遗文化传承基地，集展示、体验、文化交流等功能于一体，未来它将是新昌非遗文化的一张'新名片'。"俞秋红说。

俞秋红说，非遗的传承要以人为本，通过非遗文化园这个平台，可以让更多人参与进来，将传统砖瓦与砖雕技艺传承和发展下去，使非遗产生更大的社会效应。

在传承手艺的过程中，俞秋红对于手艺人的培养也有着自己的思考："首先得热爱这门手艺，有一种高度的情怀、责任感；其次还要耐得住寂寞，要有执着、坚韧的内心，因为砖雕技艺的培养需要长时间的实践和摸索。"

俞秋红一方面积极在展览馆、学校开非遗公开课，宣扬砖瓦与砖雕技艺；另一方面，在省人力社保厅的指导下，俞秋红制定了职业能力标准，对这项技艺进行科学系统梳理的同时，还完善了理论知识。

"我要做的还很多"。谈到未来，俞秋红用了四个字"任重道远"。

（资料来源：http://feiyi.gmw.cn/2019-10/18/content_33245746.htm）

 思考

俞秋红如何将砖雕技艺传承下去？

第一节 创 新 思 维

一、创新思维的定义

思维是认识的高级阶段，是以感觉、感知、表象提供的材料为基础，并通过分析、综合、比较、抽象、概括等过程要素予以完成的。分析、综合、比较、抽象、概括等一系列活动相辅相成，共同构成了人类思维的一般要素。人类思维活动过程更多地体现在解决各类问题的过程中。

一般而言，思维是人脑对所接收和已储存的来自客观世界的信息进行有意识或无意识、直接的或间接的加工处理，从而产生新信息的过程。思维是从发现问题开始的。解决问题的一般思维过程，可分为发现问题、分析问题、提出假设、检验假设四个步骤。这是辩证思维的一般过程。

创新思维又称创造性思维，是指以新颖独创的方法解决问题的思维过程。通过这种思维突破常规思维的界限，以超常规甚至反常规的方法和视角思考问题，发明或发现前人和同时代人所不曾创立的理论、知识、技术、方法、模型等，从而产生新颖的、独到的、具有社会意义的思维成果[①]。

二、创新思维的特征

创新思维的特征主要表现在主动性、独创性、求异性、发散性、危险性和综合性等方面。

(一)主动性

主动性是指人在完成某项活动的过程中，来源于自身并驱动自己去行动的动力的强度。对客体的创造性发现需要思维主体付出努力和实践，而主体的思维方式的设计会对创新思维的结果产生重要的影响。思维主体的主动性是创新思维的重要驱动因素，缺乏主动性很难形成良好的创造性结果。

---

① 王小峰. 创新筑梦 创业远航：从思维创新到实践创业[M]. 上海：上海交通大学出版社，2018.

(二)独创性

独创性强调了思维的独立性和差异性。从创新思维的定义和内容可以看出，创新思维的独创性主要表现在新思想、新观点和新方法的发现。而这些新思想、新观点和新方法的发现应建立在独立思考的基础之上，并表现出其中的差异性。这就要求思维主体应该不受已经形成的思维定式和思维惯性的禁锢，打破思维界限，对相关知识的理解和应用提出自己的见解，找出合理的新的突破点，使得认识主体进一步深化对客体的了解。

(三)求异性

求异性是创新思维最本质的特征，它要求思维主体通过各种思维方法找到与思维客体之间的不同之处。通过运用创新思维的独创性，打破已经形成的思维定式和思维惯性的限制，找出与传统习惯和已经存在的案例不同的思维点，得到新的创新点。求异性要求创新思维主体站在已有知识系统的基础之上，寻找新的突破点，找到解决问题的新思路。

英国科学家何非认为："科学研究工作就是设法走到某事物的极端而观察它有无特别现象的工作。"创新也是如此，一般来说，人们对司空见惯的现象和已有的权威结论怀有盲从和迷信的心理，这种心理使人们很难有所发现、有所创新。求异性思维则不拘泥于常规，不轻信权威，而以怀疑和批判的态度对待一切事物和现象。

(四)发散性

发散性是指在创新思维的形成过程中要将思维客体的相关要素进行联系。对某一问题的条件和结论要进行扩展思维，结合相关知识，并对其举一反三，深入其本质理解问题。将一个问题进行灵活多样的发散思考，从不同的角度思考同一个问题，将其融会贯通。

发散性可分为横向发散和纵向发散。横向发散思维主要包含了对一个问题的理解，从而带动相似问题的理解和解决，并找出其中的共性，得出其本质规律；纵向发散思维是指将一个简单的问题进行深化，分析在条件进一步深入的情况下，提出新的设想，分析新出现的问题，并思考其解决办法。

(五)危险性

创新思维活动是一种探索未知信息的活动，会受到多种因素的限制和影响，如事物所处的发展阶段及其本质暴露程度，人的认知水平、能力，环境与实践条件等，都决定了创新思维具有危险性，即不可能保证每次思维活动都能取得成功，甚至很有可能毫无成效。

(六)综合性

综合性要求思维主体能够正确处理整体和个体的关系。不仅要解决个体问题，更要从整体上思考问题的来龙去脉。挖掘表现形式不同但实质相同的问题，综合性地在解决一个问题的同时解决一系列类似问题。从各种信息中提炼出有用的条件，对其进行归纳、整理，并总结出有用的思路，从而达到创新思维的目的。

三、创新思维的表现形式

(一)发散思维和收敛思维

1. 发散思维

1) 发散思维的定义

发散思维也叫扩散思维，是以形象思维为基础，不强调事物之间的相互联系，也不追求问题解决的唯一正确答案，而是围绕一个中心问题，进行多方面、多角度、多层次、多结构的思考，以寻求答案的思维方式。它摆脱了原有的思维框架，以新的视角探索问题、重组信息，使问题得到完美的解决。发散思维是一种立体的多向性的思维方法，无规则、无限制、无定向。一般来说，思维延伸越远，思路越开阔，获得新发现的概率越高。

2) 发散思维的特点

(1) 流畅性。

流畅性是指个人面对问题情境时，在规定的时间内产生不同观念的数量的多少。该特征代表心智灵活、思路通达。对同一问题，想到的可能答案越多，表示思维的流畅性越高。

(2) 变通性。

变通性，即灵活性，是指个人面对问题情境时，不墨守成规，不钻牛角尖，能随机应变，触类旁通。对同一问题，想出不同类型答案越多者，其变通性越高。

(3) 独创性。

独创性，个人面对问题情境时，能独具慧眼，想出不同寻常的、超越自己也超越同辈的方法，具有新奇性。对同一问题，提意见越新奇独特者，其独创性越高。

3) 发散思维的表现形式

发散思维有多种表现形式，主要包括立体思维、多向思维、侧向思维、组合思维、逆向思维等。

(1) 立体思维。

立体思维，是指思考问题时跳出点、线、面等平面空间的局限，在更大的立体空间进行思考，找到解决问题的办法。例如，立体农业间，如玉米地里种绿豆，高粱地里种花生等；立体森林，如乔木下种灌木，灌木下种草，草下种食用菌；立体渔业，如网箱养鱼充分利用水面、水体等。

(2) 多向思维。

多向思维，是指从一个问题(信息)出发，突破原有的界限，充分发挥想象力，经不同途径视角去探索，重组眼前的和记忆中的信息，产生新信息，使问题得到圆满解决的思维方法。

拓展阅读

鹅的全身都是宝

鸡、鸭、鹅是司空见惯的家禽，舟山白泉冷冻厂却能从普通鹅的身上，做出这么多的文章。这个厂建成后不久就积极应用多向思维实施对鹅的"全方位开发"，综合利用。用他们的话说，叫作"把鹅从头到脚，从里到外，统统吃光用净"。于是，顺着多向思维的思路，他们对鹅一步步地进行了开发。

肉——鹅的主体，通过抓住育肥(收购后喂养 20 天左右，把鹅育肥)、宰杀(技术要求高，不见疤痕)、加工、冷藏、包装、运输等各个环节，把好质量关，把它加工成色白、肉嫩、体大、膘肥、符合出口要求的小包装白鹅。

毛——对 4 种毛进行挑拣分类，提高其利用价值。例如，刁翎可直接出售，每只鹅有 13～15 根；窝翎可以用来做羽毛球；尖翎可以供做鹅毛扇；鹅绒具有色白、蓬松、保暖的特性，优于鸭绒，可以加工成羽绒服、被、枕等十多种产品。

鹅血——每只鹅 6 两左右，加工成鹅血粉。

鹅油——制作加工后供应食品厂。

鹅胆——供应有关工厂做胆膏等的原料。

鹅胰——供应生化厂提炼药物。

鹅黏膜——正在研究提取生化产品。

鹅掌皮、鹅嘴皮过去一直弃之不用，他们则把这些收集起来，供应医药部门做原料。

鹅粪——每年 1500 吨，内含粗蛋白 11%，粗纤维素 12%，可加工成饲料或提取工业酒精。

（资料来源：http://www.zhoushan.cn/newscenter/zsxw/201903/t20190325_919761.shtml）

(3) 侧向思维。

侧向思维，也称旁通思维，是发散思维的一种表现形式。这种思维方式是利用其他领域内的知识和信息，从侧面迂回地解决某类问题的一种思维形式。当一个人苦苦思考某一问题时，在大脑中会产生一个优势灶，一旦触碰到其他相关的事物，就容易与这个优势灶产生一连串的反应，受到启发从而解决问题。例如，水泥加固的方法就是从植物的盘根错节现象中受到启发而获得运用的。

(4) 组合思维。

组合思维，又称"连接思维"或"合向思维"，是两种或者两种以上的思路相交引出新思路的一种思维形式。例如，将两种或两种以上的技术全部或部分进行适当组合，可以形成新的技术成果。美国创造学家 A. F. 奥斯本说："新的发明几乎都是通过对老发明的组合或改进产生的。"

组合思维形式又可分为同类组合、异类组合和重组组合。同类组合是将若干相同的事物进行组合。组合的对象在组合前后基本原理和结构一般没有根本性的变化，往往具有组合的对称性或一致性的趋向。例如，鸡尾酒、多层文具盒、双向拉锁，等等。异类组合是指将两种或两种以上不同领域的技术、思想进行组合，两种或两种以上不同功能物质产品进行组合。组合对象可以来自不同的方面，一般无主次关系。组合的对象从意义、原子、构造、成分、功能等任何一方面或多方面相互渗透，整体上会发生变化。异类组合是异类求同的创新，创新性较强。例如，带橡皮的铅笔，火药，纸张，优盘手表等。重组组合是对事物原来的不同层次组合进行分解，然后再按照新的目标重新安排的思维方式。例如，飞机的螺旋桨在尾部就是喷气式飞机，装在顶部就是直升机。

(5) 逆向思维。

逆向思维，与正向思维或常规思维具有相反的方向，即以对立、颠倒、逆转、反面等方式去认识问题，寻求解决问题的思维或方案。它是对司空见惯的似乎已成为定论的事物或观点进行反向思考的一种思维方式。敢于"反其道而思之"，让思维向对立面的方向发展，从问题的相反面深入地进行探索，树立新思想，创立新形象。在实践过程中，可采用的逆向思维形式主要有时序逆向、原理逆向、结构逆向、功能逆向和方向逆向等。

拓展阅读

天花与免疫学

天花疾病在中世纪时期，一直是困扰着医学人员的重大疾病。人们试图找到治疗天花的办法，都一直没有实现。1766 年，英国青年爱德华·琴纳在一次偶然的机会里，听到一个挤奶的姑娘说，她今生是不会生天花了。原因是她染过痘疮，一生就不会得天花病了。于是琴纳突发奇想：何不让没得天花的人都感染一次痘疮呢？实际上，琴纳这次逆向思维的应用不仅解决了长期困扰人类的天花疫情，更开创了免疫学，促进了医学的进步。

(资料来源: https://baijiahao.baidu.com/s?id=1614539802518628031&wfr=spider&for=pc)

① 时序逆向。

时序逆向，就是从时间顺序上进行逆向思维，如反季节农产品，就是从时间顺序上打乱了农产品的销售季节，通过"物以稀为贵"的基本规律而获得良好的经济效益。

② 原理逆向。

原理逆向，从事物原理的相反方向进行逆向思维，如英国物理学家法拉第根据丹麦哥本哈根大学教授奥斯特提出的电流产生磁效应的原理，通过逆向思维，提出了著名的电磁感应定律，并发明了世界上第一台发电装置。

③ 结构逆向。

结构逆向，从已有事物的结构方式等出发所进行的逆向思维，如 1928 年，米兰尔通过"充氮灯泡"的逆向改变思路，一举获得了美国化工学会颁发的帕金奖章，堪称结构逆向思维的经典。

④ 功能逆向。

功能逆向，从已有事物的相反功能，去设想和需要解决问题的新途径，从而获得新的发明创造，如风力灭火器。一般情况下，风是助火势的，特别是当火比较大的时候，但在一定情况下，风可以将小火熄灭，而且相当有效。

⑤ 方向逆向。

方向逆向，是指从与事物性能或方向相对立的方向，进行反向思维，如 1877 年爱迪生在实验改进电话时发现，传话器里的间隔随着说话的声音引起相应的颤动。那反过来，同样的颤动能不能转换成原来的声音呢？于是，爱迪生根据这一想法，又发明了留声机。

2. 收敛思维

1) 收敛思维的定义

收敛思维又称作"聚合思维""求同思维""辐集思维"或"集中思维"。收敛思维要求将多路思维指向某个中心，以问题为中心，尽可能运用已有的经验和知识，对各种信息进行组织。围绕中心组织信息，从不同方面向中心收敛，以达到解决问题的目的。就好比凸透镜的聚焦作用，它可以使不同方向的光线集中到一点。如果说发散思维是由"一到多"的话，那么收敛思维则是由"多到一"。当然，在集中到中心点的过程中也要汲取其他思维的长处。

2) 收敛思维的特点

(1) 封闭性。

收敛思维是将许多发散思维的结果由四面八方集合起来，选择一个合理的答案，具有封闭性。

(2) 连续性。

收敛思维是从多个设想向中间集聚，一环扣一环的，每一环之间都是有联系的，具有较强的连续性。

(3) 求实性。

收敛思维能对结果起到筛选作用，被选出来的设想或方案是按照实用标准来决定的，应当是切实可行的。这样，收敛思维就表现出了很强的求实性。

(4) 聚焦性。

收敛思维围绕问题进行反复思考，使原有的思维浓缩、聚拢，形成思维的纵向深度和强大的穿透力，在解决问题的特定指向上思考，继而能够顺利地解决问题。

(二)逻辑思维与非逻辑思维

1. 逻辑思维

1) 逻辑思维的定义

逻辑思维也称抽象思维或抽象逻辑思维，是人们在认识活动中运用概念、判断、推理等思维方式，在对事物进行分析、综合、比较、概括的基础上，抽取事物的本质属性，使认识从感性阶段进入理性阶段的一种思维模式。逻辑思维的基本单元是概念，基本思维方式是抽象，基本表达工具是语言和符号[①]。

在人类认识活动中逻辑思维具有极为重要的作用。人类在实践活动中形成的感性认识，必须通过抽象思维才能去粗取精、去伪存真、由此及彼、由表及里，达到对事物本质的认识。只有对事物的内在联系和规律的认识，即理性认识，才能真正推动人类的进步[②]。

---

① 赵俊亚，李明. 大学生创新创业教育[M]. 北京：清华大学出版社，2019.
② 赵俊亚，李明. 大学生创新创业教育[M]. 北京：清华大学出版社，2019.

逻辑思维是人脑的一种理性活动，思维主体把感性认识阶段获得的对于事物认知的信息材料抽象成概念，运用概念进行判断，并按一定逻辑关系进行推理，从而产生新的认识。逻辑思维具有规范、严密、确定和可重复的特点。

2) 逻辑思维的分类

逻辑思维可分为形式逻辑思维和辩证逻辑思维。形式逻辑思维(下文称"形式思维")是凭借概念和理论知识，并按照形式逻辑规律进行的思维。这种思维的形式是概念、判断和推理。在学习中，形式思维的作用是十分重要的，任何一门学科中的公式、定理、法则、规律，都必须通过形式思维才能把握，其运用和解决作业任务等也都离不开形式思维。因此，一定意义上说，掌握知识的过程，就是运用形式思维，即掌握概念、判断和推理的过程。而辩证逻辑思维(下文称"辩证思维")是凭借概念和理论知识，按照辩证逻辑的规律进行的思维。思维是对客观现实的反映，而客观现实既有其相对稳定、不大变化的一面，也有其不断运动和不断发展变化的一面。形式思维是对相对稳定、发展变化不大的客观事物的反映，辩证思维是对不断发展变化的事物的反映。因此，辩证思维的形式，即概念、判断和推理的过程中，也都具有辩证性。例如，牛顿的三大定律属形式思维，爱因斯坦的相对论属于辩证思维范畴。辩证思维更摆脱了直观性、具体性。

进行逻辑思维就像登山，需要思考以下问题。

(1) 确定为什么要登山。

(2) 保证装备足够精良。

(3) 挑选最佳路线。

(4) 要始终向前看。

(5) 不要在半路上停下脚步。

(6) 确保每步都正确。

(7) 最终到达山顶。

2. 非逻辑思维

1) 非逻辑思维的定义

非逻辑思维通常是逻辑程序无法说明和解释的那一部分思维方式，主要表现形式是联想、灵感、想象等思维方式。非逻辑思维没有严格的规则，具有偶然性、可逆性、不确定性。非逻辑思维在创新思维的发生过程中是不可缺少的，非逻辑思维不受各种框架的约束，不受时间、空间的限制，灵活性很强，在创新思维过程中是离不开直觉、灵感、想象等非逻辑思维因素的。

2)　联想思维

联想思维是指在一个普遍联系的世界中，由此想到彼，并同时发现其共同的或类似的规律的思维方式。

拓展阅读

莲——自洁薄膜

德国科学家巴特劳特是一个爱较真儿的人，他也特别喜欢中国清代文人周敦颐《爱莲说》中的名句"出淤泥而不染"。

他想不通，为什么莲会"出淤泥而不染"呢？为了较真儿，他特意做了个试验，将炭黑撒到莲叶上，再用喷壶洒水。果然，污物和着水珠一同滚落，莲叶洁净如初。试验结束后，巴特劳特给自己定下一个目标：要让这一现象变成生活中的实际应用。

于是，他开始了进一步试验，他从显微镜里观察到，莲叶表面是许多乳头状的小包，包上有一层很薄的蜡膜，污物只能停留在小包的顶端，很容易被水珠带走。根据这一发现，巴特劳特发明了用于汽车或建筑物表面的"自洁薄膜"，可使灰尘很容易被雨水冲洗净。

今天，这种"自洁薄膜"已被广泛应用。

（资料来源：https://wenku.baidu.com/view/c9bc35fe443610661ed9ad51f01dc281e43a563f.html）

联想思维具有目的性和方向性、形象性和概括性。目的性和方向性，从一定的思考对象出发，有目的、有方向地想到其他事物。形象性和概括性，从整体上把握表象画面，每一组联想不是某个具体的形象，而仅仅是带有事物一般特征的形象。

联想思维的表现形式主要有接近联想、相似联想、对比联想、因果联想、类比联想和飞跃联想等。

接近联想是指对不同事物在时间或空间上的彼此接近进行联想，进而产生某种新设想的思维方式。例如，大陆漂移说的由来，月球仪的诞生等。

相似联想是指由某一事物或现象想到与它类似的其他事物或现象，进而产生某种新设想。它是从事物的形状、结构、功能、性质、意义上的相似引起的联想。例如，太阳锅巴的产生，细胞吞噬理论的诞生等。

对比联想是由事物间完全对立或存在某种差异引起的联想，即具有相反特征的事物或相互对立的事物之间所形成的联想。例如，负电荷与正电荷，俊俏玩具与丑陋玩具等。

因果联想是指由于两个事物之间存在因果关系而产生的联想。这种联想经常是双向的，既可以由原因联想到结果，也可以由结果想到原因。

类比联想是通过一种事物与另一种事物的比较所进行的创新联想。类比联想的特点是以大量的联想为基础，以不同事物之间的相同点、类似性作为纽带。

飞跃联想是在看着没有任何联系或相去甚远的事物之间形成联想，以引发出某种新设想。

拓展阅读

煤油与野花

早些年，人们对用煤油代替汽油在内燃机中使用一直持怀疑态度，因为煤油不像汽油那么容易汽化。后来，有个人看到一种红色叶子的野花，能够在早春季节的雪地里开放。由此，他进行了大跨度的联想，因为煤油吸收热量比汽油慢，所以煤油不像汽油那么容易汽化，但是野花能依靠红叶子在微寒的早春雪地里迅速地吸收热量而存活，如果煤油染上红色，可能也会像红叶那样更快地吸收热量。经过试验之后，结果正如他所料，煤油汽化的难题解决了。这种煤油就可以同汽油一样在内燃机中使用了。

从现象上来看，煤油与野花没有任何联系，但是通过飞跃联想把它们联系起来，却取得了意想不到的成果。

(资料来源：https://wenku.baidu.com/view/0e8da253f71fb7360b4c2e3f5727a5e9856a27a0.html)

3) 灵感思维

灵感是人在研究问题时，瞬间产生的富有创造性的突发思维状态。灵感思维是指在事物的接触和思考中，因受到某种启发而发生的创新思维方式。灵感思维具有转瞬即逝的偶发性，因此，要善于抓住这种稍纵即逝的灵感思维，对此进行深入思考和研究，以促成新生事物的应运而生或疑难问题的解决。

灵感思维具有突发性、偶发性特点。

(1) 突发性。灵感往往是在出其不意的刹那间出现，使长期冥思苦想的问题突然得到解决。在时间上，它不期而至，突如其来；在效果上，突然顿悟，意想不到。

(2) 偶发性。灵感在什么时间，什么地点，或者是在哪种条件下出现，让人难以预测，带有一定的偶发性。

4) 想象思维

想象是人们在大脑中对已有事物的表象进行加工、改造，形成一种新的形象。想象可以帮助人们摆脱现实的局限，在思想的广袤空间里去发现和创造。想象思维是人体大脑通过形象化的概括作用，对脑内已有的记忆表象进行加工、改造或重组的思维活动。想象思维可以说是形象思维的具体化，是人脑借助于表象进行加工操作的最主要形式，是人类进行创新及其活动的重要的思维形式。

想象思维有再造想象思维和创造想象思维之分。再造想象思维是指主体在经验记忆的基础上，在头脑中再现客观事物的表象；创造想象思维则不仅再现客观事物，而且会创造出全新的形象。文学创作中的艺术想象属于创造性想象，是形象思维的主要形式，存在于整个创作过程之中，即作家根据一定的指导思想，调动自己积累的生活经验，进行创造性的加工，进而形成新的完整的艺术形象。

第二节 教育创新风向

中共中央、国务院印发的《中国教育现代化 2035》中提出建设智能化校园，统筹建设一体化智能化教学、管理与服务平台。利用现代技术加快推动人才培养模式改革，实现规模化教育与个性化培养的有机结合。移动互联网、人工智能、大数据、VR 技术等的出现对于推动我国教育现代化发挥着巨大作用。同时，这些先进技术的出现，赋能教育创新，助力学习的个性化、教学的精准化、管理的智慧化，是变革教育生态的有力推手。

一、移动互联网赋能教育创新

(一)移动互联网的定义

移动互联网(Mobile Internet，MI)是一种通过智能移动终端，采用移动无线通信方式获取业务和服务的新兴业务，它包含终端、软件和应用三个层面。终端层包括智能手机、平板电脑、电子书、MID 等；软件包括操作系统、中间件、数据库和安全软件等[①]。

(二)移动互联网的特点

移动互联网是移动和互联网相互融合的产物，它不是简单的加法，而是乘法。移动互联网不仅具有移动的随时随地随身优势，还具有传统互联网分享、开放、互动的优势，它是两者优势整合的"升级版"。移动互联网核心是使互联网应用能够真正实现"Anytime, Anywhere，Anyway"，是以"人"为中心。与传统互联网相比，移动互联网概括起来有以下几个特点。

1. 便携性

信息沟通和获取远比 PC 设备方便快捷。移动互联网设备一般一天 24 小时在线，随身携带，远远高于 PC 在线时间。人们可以随时接入网络来获取资讯或进行业务应用。

2. 应用轻便

移动设备基本通话功能可以解决人们绝大部分沟通问题。除了长篇大论、休闲沟通外，其他沟通都可以语音通话解决。移动设备还提供肢体语言等生物特效的简便控制。

3. 隐私性

移动互联网终端是个人专用，存储大量高度敏感的隐私资料，如个人通信录、照

---

① 官建文. 中国移动互联网发展报告[M]. 北京：社会科学文献出版社，2016.

片、移动支付等。除非经自己特别允许，移动用户不允许他人获知这些隐私资料。

4. 个性化

个性化是指和使用者高度相关的特性。移动互联网的设备、通信网络和应用都是以人为中心，与使用者高度相关。终端个性化表现为将移动设备与使用者进行绑定，个性化呈现能力非常强。再者，网络个性化表现为移动网络对用户需求、行为信息的精确反映和提取能力，并可与混搭互联网应用技术、电子地图等相结合进行直观的展示。互联网内容与应用的个性化表现在采用社交网络服务、博客、聚合内容等 Web 2.0 技术与终端个性化和网络个性化相互结合，使个性化效应得到极大释放。

(三)移动互联网在教育领域的应用

移动互联网在教育领域有诸多应用(见图 2-1)。

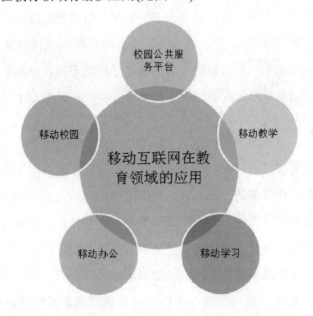

图 2-1 移动互联网在教育领域的应用

1. 校园公共服务平台

建立统一公共服务支撑平台，首先要整合原来分散的信息平台，建立统一的认证平台，实现单点登录。无论使用传统的信息服务，还是移动互联网服务，师生只需要一个账户，就可以访问和使用。其次要建立统一校园卡服务器平台来实现统一识别，统一支付。再次要建立统一的公共通信平台，实现统一的即时通知和短信服务。最后要建立统一的数据中心，实现统一存储和共享服务。例如，阳光校园服务平台的出现，为师生带来了便利。

2. 移动教学

移动教学改变了传统的教学模式，为课堂注入活水，提高了学生的学习兴趣。建立班级群，课前通过移动端，发给学生预习内容、签到等，课中抢答，主题讨论等活动，课后还会有备注"一周安排"等应用服务，还包含同步课堂、同步练习和同步测试等教学活动的辅助应用。

3. 移动学习

移动互联网改变了学习，只需通过自己的智能手机或智能终端就可以随时随地学习完整的课程，而不需要带着沉重的书包。完整的课程应该包括课件、作业、思考题、同步练习和同步测试。任何有时间有意愿的学生都可以自己主动通过移动终端进行学习。例如，学而思网校、粉笔、华图在线等一些学习类的 APP 的出现。

4. 移动办公

移动办公就是通过移动互联网终端进行办公。它可以方便师生办事，提高工作效率，优化资源配置。通过移动办公系统，学校的管理人员、教师可以通过手机等移动终端随时随地办公和接收邮件，以提高工作效率。移动办公主要面向校领导、业务处室，为各院系主要行政办公人员提供以公文事务为核心的行政事务协作。通过移动办公，无论领导是在工作场所还是在外出差途中，都可以签阅文件，审批流程。师生无论是在学校还是在校外，都可以查阅文件，查看通知和收发邮件，进而提高教学效率，节约办公成本和沟通成本。

5. 移动校园

移动校园包括学校移动门户和师生生活中的各种应用，如校内微博、掌上订餐、讲座查询、课程查询和成绩查询等，其目的是方便师生日常生活，满足其对便捷的追求。在统一支撑平台的基础上，打造符合各种各样方便师生学习和生活的应用，使得学生足不出户，只需通过移动互联网终端访问高校的移动互联网应用，就可以随时随地了解大学校园方方面面的信息和最新动态。

(四)移动互联网与教育相结合的发展趋势

近年来，中国在人工智能、移动互联网、5G 网络技术等方面的发展十分迅速，将推动各种智能终端与移动互联网连接，给用户提供更加优质的用户体验和互联网连接服务。移动互联网与教育相结合，也出现了很多新的趋势，在线教育行业市场已经从一线城市扩展到三线城市，移动应用也在加速发展；语音识别、在线评估、现场互动的其他技术升级已经完成了教学评估的闭环，以及满足了用户的基本教学需要；随着人工智能、VR/AR 技术等的发展和成熟，VR/AR 技术将应用于教育领域，提供各种可能的学习场景；新技术既使得教学管理更加有效也模糊了学校的地理界限，校园从纯粹的物理校园变成了虚拟现实的社区，在线教育课程的教学人员具有"管理+教师+技术人员"的多样性，改变了学校课程师资结构。这些都给未来创业者提供了大量的创业机遇。

二、人工智能赋能教育创新

工业和信息化部 2017 年发布了《促进新一代人工智能产业发展三年行动计划(2018—2020)》(以下简称《计划》)。《计划》指出，人工智能具有技术属性和社会属性高度融合的特点，是经济发展新引擎、社会发展加速器。加快人工智能在教育领域的创新应用，利用智能技术支撑人才培养模式的创新、教学方法的改革、教育治理能力的提升，构建智能化、网络化、个性化、终身化的教育体系，是推进教育均衡发展、促进教育公平、提高教育质量的重要手段，是实现教育现代化不可或缺的动力和支撑。

(一)人工智能的定义

人工智能起源于 1956 年美国达特茅斯学院举办的夏季学术研讨会。在这次会议上，达特茅斯学院助理教授 John McCarthy 提出的"人工智能"(Artificial

Intelligence，AI)这一术语首次正式使用。人工智能，它是研究、开发用于模拟、延伸和扩展人的智能的理论、方法、技术及应用系统的一门新的技术科学。作为计算机科学的一个分支，人工智能是了解智能的本质，并生产出一种新的能以人类智能相似的方式做出反应的智能机器。该领域研究包括机器人、语言识别、图像识别、自然语言处理和专家系统等。专家们从能力和学科角度对人工智能做出了定义。从能力方面，他们认为人工智能是指相对于人的自然能力而言的，用人工的方法在机器(计算机)上实现的智能；从学科角度，他们认为人工智能是一门研究如何构造机器或智能系统，使它能模拟、延伸和扩展人类智能的学科。

(二)人工智能的特征

1. 智能化

智能化是教育信息化的发展趋势之一。海量数据蕴藏着丰富的价值，在知识表达与推理的基础上，构建算法模型，借助于高性能并行运算可以释放这种价值与能量。在教育领域，智慧教学将会有越来越多支持教与学的智能工具，给学习者带来新的学习体验。在线学习环境将与生活场景无缝融合，人机交互更加便捷智能，泛在学习、终身学习将成为一种新常态。

2. 自动化

与人相比，人工智能更擅长记忆，基于规则的推理、逻辑运算等程序化的工作，擅长处理目标确定的事务。而对于主观的东西，如果目标不够明确，则较为困难。例如，数学、物理、计算机等理工科作业，评价标准客观且容易量化，自动化测评程度较高。随着自然语言处理、文本挖掘等技术的进步，短文本类主观题的自动化测评技术将日益成熟并应用于大规模考试中。教师将从繁重的评价活动中解放出来，从而有更多的精力专注于教学。

3. 个性化

基于学习者的个人信息、认知特征、学习记录、位置信息、媒体社交信息等数据库，人工智能程序可以自学习并构建学习者模型，并从不断扩大更新的数据集中调整优化模型参数。针对学习者的个性化需求，实现个性化资源、学习路径、学习服务的推送，并呈现出客观、量化等个性化特征。

4. 多元化

人工智能涉及多个学科领域，未来的教学内容需要适应其发展需要。例如，美国已经高度重视 STEM 学科的学习，我国政府高度重视并鼓励高校扩展和加强人工智能专业教育，形成"人工智能+X"创新专业培养模式。从人才培养的角度分析，学校教育应更强调学生多元能力的综合性发展，以人工智能相关基础学科理论为基础，提供基于真实问题情境的项目实践，侧重于激发、培养和提高学生的计算思维、创新思维、元认知等能力。

5. 协同化

短期来看，人机协同发展是人工智能推动教育智能化发展的一种趋势。从学习科学的角度分析，学习是学习者根据自己已有的知识主动构建和理解新知识的过程。对于人工智能来说，新知识是它们所无法理解的，因而这种时候学习者就需要教师的协同、协助和协调。因此，在智能学习环境中，教师的参与必不可少，人机协同将是人工智能辅助教学的突出特征。

(三)人工智能在教育领域的应用

人工智能已经应用在教学全流程中，包括备课——教学——练习——考试——评价——管理六大场景，其中备课场景为开端，管理场景为末端，教学场景为中心，练习、考试、评价三大场景为支撑(见图 2-2)。

1. 备课应用场景

备课场景的应用主要体现于预习知识点个性化推荐、个性化教案、试讲磨课智能练习、本地化教研，为学生的预习和教师的教学提供有力帮助。①预习知识点个性化推荐，人工智能技术会根据学生差异化学情及能力，在课前预习场景为学生进行个性化学习和知识点推送，同时还可以帮助教师节省用于预习内容安排的时间和精力。②个性化教案，基于班级或个体学情的差异，为教师生成个性化教案，包括试题数字化录入、授课计划、作业布置等，节省教师用于备课安排的时间与精力，同时也为教育资源匮乏的地区的教师备课提供方向和优化建议等。③试讲磨课智能练习，可以提供虚拟化课程场景，帮助教师在课前反复推敲试讲，进而将更高质量的课堂教学带给学生。④本地化教研，人工智能技术会根据当地的教学、考试等信息的挖掘，为教师提供全方位的个性化教研建议，高效匹配当地的教材版本、教学重难点、考试风格等。

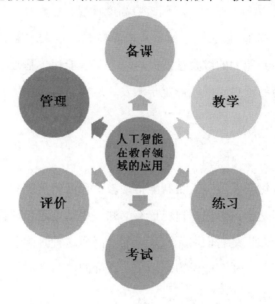

图 2-2　人工智能在教育领域的应用

2. 教学应用场景

教学场景的应用主要体现于线上 AI 课堂、线下 AI 课堂，为学生提供个性化课程，满足不同学生的需求。①线上 AI 课堂，基于学生的个性化学情数据反馈，通过计算机视觉、智能语音、自然语言处理等人工智能技术动态调整授课内容和形式，提供适合每个学生的个性化课程。例如，学而思网校推出的 AI 老师，助力在线课堂。②线下 AI 课堂，基于学生及班级差异化学情，采用"真人教师+AI 助手"的授课模式，通过表情识别、人脸框检测、语音识别、姿态识别等分析学生听课专注度及学习情况，动态调整课堂互动及授课内容并将学习数据反馈给老师。在线下 AI 课堂上，AI 助手负责知识传授，真人教师负责为学生提供精细化辅导和个性化关怀。例如，百度小橘灯——小度 AI 助教的出现。

3. 练习应用场景

练习应用场景主要体现于拍照搜题、习题个性化推送/智能题库、智能测评、作业智能批改等。①拍照搜题，通过图像识别技术自动识别学生，上传学生的题目，进而利用数据挖掘等技术检索题目对应的解答并及时反馈给学生，为学生在课后练习中随时提供高效答疑。例如，小猿搜题、作业帮等。②习题个性化推送/智能题库，基于学生对所学知识掌握情况的差异，通过自然语言处理、数据挖掘等人工智能技术，智能生成针对性的习题，有效节约教师制定个性化测试、习题的时间，并给不同学生提供更有针对性的辅导练习。③智能测评，通过智能语音、自然语言处理、数据挖掘等人工智能技术，可以高效地测试学生的学习能力，迅速识别学生弱项，节省教师用于了解学生基础背景的时间和精力，并对学生的能力进行更为全面、客观的评价。对学习者学习过程中知识、身体、心理状态的诊断和反馈，在学生综合素质评价中发挥着不可替代的作用。④作业智能批改，基于图像识别、智能语音、自然语言处理等人工智能技术，帮助教师批改客观题、简答题、口算、英语作文等题目。相较于人工批改，智能批改可以即时标注错误部分和错误原因，批改速度更快，批改结果更细致、更客观。

4. 考试应用场景

考试应用场景主要体现于个性化组卷、智能阅卷、考情智能分析及错因诊断。①个性化组卷，通过数据挖掘等人工智能技术，对题库中已被结构化的数据进行分析、组合，为教师提供满足不同班级学情的考试题目，进而提升教师的出卷效率。②智能阅卷，基于手写识别、自然语言处理、深度学习等人工智能技术，帮助教师实现客观题及部分主观题自动批改与赋分，如选择、判断、作文、翻译、问答等题目类型，且可对空白题、内容疑似雷同等异常答卷进行自动筛选，大幅提升阅卷效率及质量。例如，小猿口算 APP，一款针对小学生家长、老师用于批改作业的工具类产品。③考情智能分析及错因诊断，基于图像识别、自然语言处理、数据挖掘等人工智能技术，采集汇总学生的考试结果，分析不同学生的知识点弱项，进而形成学生学情报告，为教师提供更有针对性的教学指导建议。

5. 评价应用场景

评价应用场景主要体现于职业兴趣评估和课堂质量评估。①职业兴趣评估，基于学生的特长与个性特征评估学生的职业兴趣，通过数据挖掘、自然语言处理等人工智能技术，智能生成职业推荐建议。②课堂质量评估，通过计算机视觉、智能语音、自然语言处理等人工智能技术，构建课程全覆盖并快速反馈的课堂质量评估系统，并提供全面、客观、科学的课堂评估报告，打破教学黑盒，帮助教师识别出好课、教出好课，让更多的学生在有限的时间内，获得更佳学习效果。

6. 管理应用场景

管理应用场景体现于班级学情管理、选课排课、校园安防等。①班级学情管理，通过表情识别、人脸框检测、语音识别、姿态识别等收集和跟踪学生学情数据，对个体的学情进行全方位精准评估，为教师、家长及时了解学生学情提供科学的参考依据，并为个性化指导提供判断依据。②选课排课，基于学生选课和校内资源等数据的输入，通过数据挖掘等技术为每个学生定制专属的个性化课表，高效解决走班排课等问题，节省教师工作时间，进而提升学校管理效率。③校园安防，基于计算机视觉、智能语音、数据挖掘等人工智能技术，通过视频监控系统、门禁控制系统，以及考勤系统等对校园进行常规检查工作。例如，中科曙光在北京邮电大学安装科研用校园智能安防系统，构建人工智能科研基础平台推动校园安防体系。

(四)人工智能与教育结合的发展趋势

未来人工智能的走向取决于算法的进步，由于算法的技术突破是决定人工智能上限的，所以未来人工智能企业拉开差距关键就在算法的技术突破上，谁能先在算法上取得成功，谁就能获得资本市场青睐，同时产业落地也会进一步提速。随着 5G 商用时代的逐渐来临，人工智能技术连接效率也将进一步得到提升，深度学习、数据挖掘、自动程序设计等也将在更多的应用领域得到实现。人工智能与教育深度融合。未来人工智能在教育领域最大的突破是满足学习者的个性化需求，大规模的学习者可以根据自己的学习经验、优势特长、文化背景量身定制学习内容、学习计划等，为每个学习者量身定制符合实际需要的个性化学习方案。未来在学校管理方面，提供教育数据管理、数字教育资源、学生行为数据等数据全集，生成可视化的分析图，为学校的管理者提供基于数据和模型的决策等。人工智能时代的到来，将会给教育领域带来巨大的变化，这将会给创业者在人工智能教育领域带来更多的创业思考。

拓展阅读

学而思网校的"AI老师"

"AI老师监课系统"的作用对象是老师，主要融合了学而思网校自主研发的语音识别和表情识别技术，可以实现在线课堂的即时数据结构化、可视化。本套系统可以从课堂表现的亲和力、清晰度、流畅度、互动、重点等几个维度，对老师的授课情况进行实时数据评估，让老师可以根据实时评估调整授课内容和方式。

语音识别技术，能实时识别老师的授课内容，通过分析语速、音量、留白等可感知维度，描绘出清晰度、流畅度、授课重点等，让老师讲得更清楚；表情识别技术，实时检测分析老师授课过程中的表情，作为课堂亲和力的分析数据来源，通过对授课手势的识别和分析对课堂互动性进行评价。

"AI老师语言学习系统"则是在原有语音识别、语音测评技术的基础上，通过大量数据的迭代、优化和自适应学习，可以适应当地学生的发音特点，让口语测评准确率更高。同时，系统升级了多种语言，中文常用词汇以"图片+双语发音"模式进行展示，可以帮助学生学习中文普通话。

"VR沉浸式课堂"主要是为学生和老师创造全新的学习场景。据介绍，本套系统除了运用于学生语文学习中，让孩子可以获得身临其境的诗词讲解；还应用于物理化学教学中不便于操作的危险实验或大型实验，让理论与实践得到结合。

"AI老师记单词"学习产品，用户通过拍照录入要听写的文本，"AI老师"就能一键批改，还能根据用户背诵记录生成个性单词本，帮助单词学习练习与巩固。

（资料来源：https://www.iyiou.com/p/115881.html）

三、大数据赋能教育创新

(一)大数据的定义

"大数据"概念第一次被提出是在 2008 年 9 月 4 日，目前，学者们对大数据的定义是从数据体量、复杂性程度、价值三个角度进行阐释的。第一次提出大数据的定义并且估计大数据的商业价值的是全球著名咨询公司麦肯锡。2011 年，麦肯锡全球研究院发布了《大数据：创新、竞争和生产力的下一个新领域》[①]，麦肯锡对大数据的定义是从数据集的"大体量"入手的：大数据是指那些规模大到传统的数据库软件工具已经无法采集、存储、管理和分析的数据集。德勤咨询技术负责人罗伯特·福莱对大数据的定义是从"复杂性程度大"入手的。他在 2012 年提出，过去对大数据的界定主要基于规模，而实际上，规模并不是常规数据和大数据的关键性区别。他对大数据的定义是：有用的数据源排列数量巨大，使有用的查询非常困难，并且，复杂的相关关系使得排除很困难。维克托·迈尔·舍恩伯格在《大数据时代》一书中主要从"价值大"的角度来定义大数据，他认为大数据是当今社会所独有的一种新型的能力：以一种前所未有的方式，通过对海量数据进行分析，获得有巨大价值的产品和服务，或者深刻的洞见。

(二)大数据的特征

1. 海量性

IDC 报告称，2020 年，全球数据量扩大 50 倍。目前，大数据的规模是一个不断变化的指标，单一数据集的规模从几十 TB 到数 PB 不等。简而言之，存储 1 PB 数据将需要两万台配备 50GB 硬盘的个人计算机。此外，各种意想不到的来源都能产生数据。

2. 多样性

数据多样性的增加主要是由于新型多结构数据，以及包括网络日志、社交媒体、互联网搜索、手机通话记录及传感器网络等数据类型造成的。

3. 高速性

高速描述的是数据被创建和移动的速度。在高速网络时代，通过基于实现软件性

---

① 袁树勋. 专家称要警惕高考弃考背后的教育资源分配不公[N]. 潇湘晨报，2013-06-17.

能优化的高速计算机处理器和服务器，创建实时数据流已成为流行趋势。企业不仅需要了解如何快速创建数据，还必须知道如何快速处理、分析并返回给用户，以满足他们的实时需求。

4. 易变性

大数据具有多层结构，这意味着大数据会呈现出多变的形式和类型。相较于传统的业务数据，大数据存在不规则和模糊不清的特性，造成很难甚至无法使用传统的应用软件对其进行分析。传统业务数据随时间演变已拥有标准的格式，能够被标准的商务智能软件识别。目前，企业面临的挑战是处理并从以各种形式呈现的复杂数据中挖掘价值。

(三)大数据在教育领域的应用

《教育信息化"十三五"规划》强调，要积极发挥教育大数据在教育管理平台建设和学习空间应用等方面的重要作用。"十三五"期间，大数据与教育的深度融合已成为必然趋势。大数据给教育行业带来了重大影响。基于大数据的精确学情诊断、个性化学习分析和智能决策支持(见图2-3)，大大提升了教育品质，对促进教育公平、提高教育质量、优化教育治理都具有重要作用，已成为实现教育现代化必不可少的重要支撑。

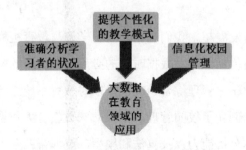

图2-3 大数据在教育领域的应用

1. 准确分析学习者的状况

在教育大数据技术的驱动下，通过深层次挖掘、分析教育大数据，教师可以量化学习者的学习过程和学习状态，既注重相关关系的识别，又强调因果关系的确定。通过数据分析技术，发现教育系统中实际存在的问题，更快速准确地找到影响因素和干预策略，发现真实的教育新规律，大大拓展了探索教育规律的广度。此外，教育大数据还能够对学习者在学习过程中产生的数据进行分析，预测学习者的学习水平和学习能力，发现学习者潜在的问题，从而改善学习者的学习行为，并能系统化改进学校教与学的形态，全面提升学校的信息化应用能力和教学服务水平。

2. 提供个性化的教学模式

传统的教学模式注重学科知识体系的构建和教师的主导地位，强调课堂上知识单向传授，虽然解决了技能型人才的培养问题，但没办法适应每个学习者的状况，忽略了学习者的个性化需求。大数据的发展能够实现教学的最优化状态，教师能够便捷获取每一个学习者在学校中的真实信息，这样教师在教学中的内容、方法和过程都可以根据学习者的状况来进行定制，比如说精细刻画学生特点、洞察学生学习需求、引导学生学习过程、诊断学生学习结果，等等。通过对学习者大数据的追踪与收集，从海量学习者相关的数据中归纳分析其各自的学习风格和学习行为，让每个学习者都有可能获得适合自己最大程度发展的信息。这样做不仅能够提高教师的工作效率和学生的学习效率，还能够真正实现因材施教，培养出符合信息化时代所需要的个性化、创新型人才。

3. 信息化校园管理

信息时代的速度与发展超乎我们想象。对于学校与教育机构来说，借助大数据技术来实现信息化管理与创新更是大数据时代的必然。在传统的发展过程中，教育管理者由于无法及时掌握教学与管理综合情况，难以对教育系统进行动态监管。对于各类学校来说，大数据技术创新了校园管理。例如，慧数教育大数据平台依托领先的大数据采集挖掘能力、文本分析能力以及算法和模型，能够帮助各大高校获取全网教育资讯、实时监测和管理高校舆情、校内外人物动态跟踪等，成为高校信息化管理的重要工具。

(四)大数据与教育结合的发展趋势

随着 5G 的到来，大数据呈现出了多样化的发展态势，大数据与教育的结合将为教育带来新变化。教育大数据具有非常重要的挖掘价值，对教育大数据进行合理、合法的使用后，对于辅助教学决策，实现在校身份认证、门禁考勤、学生评价、校园消费等典型功能落地，提升教师、学生在校工作、学习质量，有着非常重要的意义，能够成为人才培养和教学管理的利器。随着社会发展，教育需求变得越来越多样化和个性化，为了满足用户的多元化需求，教育大数据产品会更加丰富、多元化，如会出现预警类产品，辅助教育管理、决策类产品等。同时，教育数据安全与隐私也将会受到广泛关注，教育大数据势必会进一步提升数据安全性能。众多的教育大数据的出现，给创业者带来了潜在的创业机会。

四、VR 技术赋能教育创新

(一)VR 技术的定义

虚拟现实(Virtual Reality，VR)，是利用计算机模拟产生一个三度空间的虚拟世界，提供用户关于视觉等感官的模拟，让用户如同身临其境，可以及时、没有限制地观察三维空间内的事物。用户进行位置移动时，计算机可以立即进行复杂的运算，将精确的三维世界视频传回产生临场感。该技术集成了计算机图形、计算机仿真、人工智能、感应、显示及网络并行处理等技术的最新成果，是一种由计算机技术辅助生成的高技术模拟系统。

(二)VR 技术的特点

VR 技术具有沉浸性、多感知性、交互性、想象性四个特点。

(1) 沉浸性。学习者处于可视虚拟环境中，沉浸于虚拟场景犹如身临其境，突破了时空界限，改变了学习者被动状态，提高了学习者的主动性和参与性，在潜移默化中加深对知识的理解，比单纯地讲授更直观、更立体、更能激发学习者学习兴趣和热情。

(2) 多感知性。学习者在计算机创设的虚拟环境中全身心投入视觉、听觉、触觉等多种感觉及运动感受信息反馈，刺激神经系统关联反应，获取感官协调效应，提高了学习效率。

(3) 交互性。学习者改变了以往利用键盘、鼠标实现数字信息感知和交互的模式，而通过操控专业的 VR 设备，以手势、动作、眼球追踪、语音识别、表情识别及脑电波等本能的方式自然地和虚拟环境进行交互，忽略计算机，体验到如同真实世界的感受。

(4) 想象性。学习者置于虚拟的环境中，将学习者的思想予以呈现，采用定性和定量相结合的方式，自发地推理、判断、联想，萌发新的构想和感知，为学习者的创意、灵感的形成提供帮助，从接收、感知到的资源与信息，产生一定的创新想法。与学习者进行互动，实时更新选择新的环境情节，再次传递给学习者。

(三)VR 技术在教育领域的应用

VR 技术在教育领域已经得到广泛应用，如虚拟技能培训、VR 虚拟实验室等方面(见图 2-4)，VR 技术可以实现集教学、体验、实践于一体，为学生创建直观、形象的虚拟学习氛围，改变学生由被动学习到主动学习，增强学生学习的主动性和积极性。同时，也改变了传统的教学模式，成为教师的教学助手。

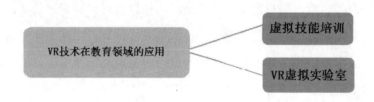

图 2-4　VR 技术在教育领域的应用

1. 虚拟技能培训

通过运用 VR 技术，帮助学生完成不同的技能培训任务。鉴于 VR 技术构建虚拟环境安全性极高，可以提供给学生反复训练，最终达到既定的技能培训目标。例如，进行飞机驾驶教学中，构建虚拟环境，让学生通过模拟操控，对各类设备加以熟悉，并能够在处于不同的自然天气下进行飞机的起飞与着陆训练，不受空间的限制，多次予以练习，直至完全掌握该技能。将 VR 技术引入到教学当中，可以利用相关的模拟练习系统，帮助学员掌握专业知识和技能。鉴于军事教学的相关设备较为昂贵，采用 VR 技术可以解决这一问题，并确保一定的安全性，其实践价值不言而喻。

同时，在其他教育领域，如临床教学、电器件维修检测，以及汽车驾驶教学、地震、火灾逃生等安全教育等，VR 技术也发挥出一定的功效。特别是相应动作的学习和训练，通过借助于虚拟系统的操控训练，帮助学习者在反复多次的练习中逐渐完全掌握。由此可见，VR 技术在教学领域当中的技能培训方面产生的作用很大，可以使学习者在短时间之内获得快速的进步和提高。

2. VR 虚拟实验室

VR 教学相对于传统的教学优势非常明显，在传统教学活动中，很多需要操作的知识如果仅仅通过理论讲述，学习者很难理解掌握。VR 教学通过 3D 虚拟现实技术可以创设虚拟教学情境，为学习者亲身实践提供了可能性。传统的实验教学基本都在学校开展，上课时间比较固定，时间和空间受到限制。部分实验设备价格昂贵，不能让学生全面使用和操作，在某些实验环节中存在安全隐患，学生无法直接参与，多数以演示为主，不能形成对该实验的感性认识。VR 虚拟实验室是利用虚拟现实技术创设的，如虚拟物理实验室、虚拟化学实验室等，打破传统教学中时间、空间等限制，学生只要在安装有虚拟实验室的设备上即可进行实验操作，在很大程度上提高了学习的自由度。VR 教学在进行一些有安全隐患的危险实验时，不会因操作不当造成不可预料的后果，这样 VR 教学就可以保障学习者的人身安全。在 VR 教学的环境沉浸式虚拟环境中，包括海啸、地震等灾害应急处理，还可以进行武器部件、汽车驾驶的虚拟操作等。使学生做到足不出户就可以做实验，提高其对学习内容的感性认识，加深对实验教学内容的理解，培养学习兴趣。

经过构建此种虚拟环境，使教学内容得到形象、直观化的演示，非常便于学生理解和操作，并且不再需要那些价格昂贵的实验仪器，极大地节省了教育经费开支，良好的教学成效，使得虚拟实验教学的推广具有一定可行性。对于虚拟实验室的创建，主要根据各类相关学科理论的虚拟系统，以及通过设计者的编程操控加以实现。例如，湖南省智慧教育装备展示体验中心 VR 综合教室是"趣上课"VR 功能教室，让整个教学过程的沉浸感和互动性得到增强，学生可以更好地感受到学习的乐趣，真正实现一个能对话的课堂。

(四)VR 技术与教育结合的发展趋势

VR 技术主要是依赖视觉，然而，触感反馈系统的出现让沉浸感多了一种感觉，借助于 VR 控制器等设备，我们可以去触摸那些虚拟物件。此外，嗅觉也成为 VR 感知系统的一个发展方向。戴尔高级副总裁、外星人电脑创始人 Frank Azor 在接受《时代周刊》访谈时提道："未来 VR 技术将能够让我们在 VR 的环境中拥有嗅觉、触觉等。"随着 VR 技术的不断发展，VR 技术与教育的结合会改变现有的教育教学模式，将作为一种全新的教育教学模式，更新现有的教育方式，使教育更加直观，更加高效，虚拟学校和虚拟课堂也将成为可能。不仅让不同空间的人同时出现在一个虚拟的环境中，VR 技术还提供沉浸感，能够让教育教学、训练等更加逼真，学生身临其境，体验学习的乐趣。VR 变革教育模式，这将会引发创业者更多地关注 VR 教育创业。

本章回顾

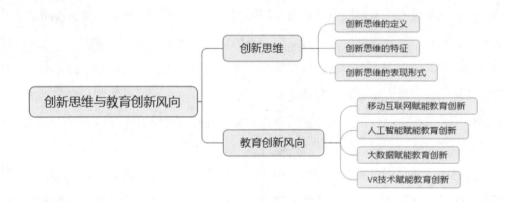

思考与练习

1. 创新思维有哪些特点？

2. 创新思维的表现形式有哪些？

3. 谈谈教育领域创新的趋势。

第三章

创 新 方 法

内容提要

　　创新方法是科学思维、科学方法和科学工具的总称。它不仅是解决发明创造问题强有力的理论工具，还是加快创新进程、降低创新成本的有效手段。培养学生的创新思维，使其掌握一定的创新方法，对培养创新人才具有十分重要的意义。本章主要介绍组合创新法、列举创新法、移植创新法、类比创新法、模仿创新法五种快捷创新方法及奥斯本检核表法和 TRIZ 法两种实用的创新方法。通过学习创新方法，促使学生从新的角度看待、思考问题，进而产生一些新的发明创造。

名人名言

　　方法是任何事物所不能抗拒的、最高的、无限的力量。

——黑格尔

案例导入

屠呦呦与青蒿素

2015 年 10 月 5 日，从瑞典斯德哥尔摩传来令人振奋的消息：中国女科学家屠呦呦获得 2015 年诺贝尔生理学或医学奖。理由是她发现了青蒿素，这种药品可以有效降低疟疾患者的死亡率。屠呦呦是第一位获得诺贝尔科学奖项的中国本土科学家、第一位获得诺贝尔生理学或医学奖的华人科学家。10 月 6 日上午，一直不愿意接受采访的屠呦呦终于把记者请进家门，她一再强调"也没什么好讲的"，她还通过央视发表自己获奖感言，她说："作为一名科技工作者，获得诺贝尔奖是一项很大的荣誉，青蒿素这项生物研究的成功是多年研究集体攻关的成绩，青蒿素获奖是中国科学技术集体的荣誉。"

在诺贝尔奖之前，大部分人或许都不知道屠呦呦是何许人，一夜之间她蜚声国内外，而以她为领导的研发小组研制的新型抗疟疾药青蒿素也为大家所熟知。

屠呦呦 1930 年 12 月 30 日出生于浙江省宁波市。"呦呦鹿鸣，食野之苹"，《诗经•小雅》的名句寄托了屠呦呦父母对她的美好期待。她自幼耳闻目睹中药治病的奇特疗效，立志探索它的奥秘。1951 年，屠呦呦如愿考入北京大学医学院药学系，选择了当时一般人缺乏兴趣的生药学专业。在专业课程中，她对植物化学、本草学和植物分类学最感兴趣。大学毕业后，屠呦呦就职于中国中医研究院。那时该院初创，条件艰苦，屠呦呦在设备简陋连基本通风设施都没有的工作环境中，经常和各种化学溶液打交道，一度患上中毒性肝炎，但她心无旁骛，埋头从事中药研究，取得了许多傲人的成果。其中，研制出用于治疗疟疾的药物——青蒿素，是她最杰出的成就。当年轻的屠呦呦开始这项研究的时候，她当然不会想到，在漫长而曲折的研究"抗疟"的道路上，有一项金光闪闪的王冠正在等待她来摘取。

疟疾是一种严重危害人类生命健康的世界性流行病。世界卫生组织报告称，全世界数十亿人口生活在疟疾流行区，每年约两亿人患疟疾，百余万人被夺去生命。特别是 20 世纪 60 年代初，全球疟疾疫情难以控制。当时正值美越交战，在越美军因疟疾减员 80 多万人。美国不惜代价，筛选出 20 多万种化合物，却未能找到理想的抗疟新药。因疟原虫对喹啉类药物已产生抗药性，所以，防治疟疾重新成为各国医药界攻克的目标。继美国之后，英、法、德等国也花费大量人力物力，寻找有效的新结构类型化合物，但一直未能如愿。我国从 1964 年重新开始对抗疟疾新药的研究，从中草药中寻求突破是整个工作的主流，但是，通过对数千种中草药的筛选，却没有任何重要发现。

在国内外都处于困境的情况下，1969 年，39 岁的屠呦呦临危受命，出任该项目的科研组长。她从整理历代医籍着手，四处走访老中医，搜集建院以来的有关群众来信，编辑了以 640 方中药为主的《抗疟单验方集》。然而，筛选大量样品，对抗疟均无好的苗头。她并不气馁，经过对 200 多种中药的 380 多个提取物进行筛选，最后将焦点锁定在青蒿上。但大量实验发现，青蒿的抗疟效果并不理想。她又系统查阅文献，特别注意在历代用药经验中提取药物的方法。当她再一次转向古老中国智慧时，东晋名医葛洪《肘后备急方》中称，"青蒿一握，以水二升渍，绞取汁，尽服之"可治"久疟"。琢磨这段记载，她认为很有可能在高温的情况下，青蒿的有效成分被破坏了。于是她改用乙醇冷浸法，所得青蒿提取物对鼠疟的效价显著提高；接着，用低沸点溶剂提取，效价更高，而且趋于稳定。终于，在经历了 190 次失败后，青蒿素诞生了。这剂新药对鼠疟、猴疟疟原虫的抑制率达到 100%。

疟疾，一个肆意摧残人类生命健康的恶魔，被一位中国的女性科学家制服了。

屠呦呦，以百折不挠的拼搏精神在中华科技史上谱写了一部精彩的人生传奇。

(资料来源：百度文库 https://wenku.baidu.com/view/8369b1e9cf84b9d529ea7a16.html?sxts=1566459147160)

思考

1. 屠呦呦获得突破性进展，最关键的步骤是什么？
2. 屠呦呦获得成功的因素有哪些，对你有哪些启发？

创新方法一直为世界各国所重视，在美国被称为创造力工程，在日本被称为发明技法，在俄罗斯被称为创造力技术或专家技术。我国学者认为创新方法是科学思维、科学方法和科学工具的总称。一般而言，创新方法是人们在创造发明、科学研究或创造性解决问题的实践活动中总结、提炼出的有效方法和程序的总称。创新方法是创造性思维活动模式化的体现，是人类对创新规律基本认识的成果总结，是提高再创新能力与创新成功率的有效工具。它具有实用性、普遍性、可操作性等特点。创新方法的应用既可直接产生创造、创新成果，也可启发人的创新思维。

古往今来，人们在实践中总结了多种创新方法，比较有效的创新方法有跨界法、集成法、迁移法、逆向法、发散法、仿生法、模仿法、组合法、延伸法、列举法等。目前提出的人工智能(Artificial Intelligence，AI)就是跨界的产物，将对人类产生极大的影响，主要涉及哲学、认知学、数学、神经生理学、心理学、计算机、信息论、控制论、不定性论、仿生学等。本章主要介绍组合创新法、列举创新法、移植创新法、类比创新法、模仿创新法五种快捷创新方法及奥斯本检核表法和 TRIZ 法两种实用的创新方法。

第一节　快捷创新方法

快捷创新方法具有简便、快速、高效等特点，是社会生活创新及科技创新中应用最为广泛的创新方法。随着新一代信息技术，如人工智能、大数据、5G 等新技术的迅速发展，产品的更新换代也越来越快，快捷创新方法在推动科技进步、产品创新升级的过程中发挥了重要的作用。因此，可以借助于快捷创新方法，实现创新。以下将介绍五种快捷创新方法，即组合创新法、列举创新法、移植创新法、类比创新法、模仿创新法。

一、组合创新法

组合创新法是一种极为常见的创新方法。所谓组合创新法是指按照一定的技术原理，通过将两个或多个功能元素进行合并，从而形成的一种具有新功能的新产品、新工艺、新材料的创新方法。例如，医院常用的 CT 扫描设备就是射线发生器和计算机技术的组合。无人驾驶汽车是在汽车的基础上，增加了传感器、智能控制系统、移动互联网而形成的。目前，"互联网+"所引起的产业变革，也是组合创新法的实践应用。简而言之，组合创新法就是要素的重新组合，通过拆解要素，观察、找出单一要素，然后围绕单一要素进行重新组合，就能实现新的模式或者产品创新。

组合创新法具有以下几个特点：将多个特征组合在一起；组合在一起的特征相互支持、相互补充；组合后要产生新方法或达到新效果，有一定的飞跃；利用现成的技术成果，不需要建立高深的理论基础和开发专门的高级技术。

组合创新法几乎覆盖了人们日常生活的各个领域，具体有以下四种实现方式，即主体附加法、异类组合法、同类组合法及重组组合法。

1. 主体附加法

主体附加法是以某事物为主体，再添加另一附属事物，以实现组合创新的方法。在琳琅满目的市场上，人们可以发现大量的商品是采用这一方法创造的，如带橡皮的铅笔是在铅笔的基础上增加了橡皮。主体附加法是一种创造性较弱的组合，人们只要稍加动脑和动手就能实现，但只要附加物选择得当，同样可以产生巨大的效益。主体附加法具有以下四个特点。

(1) 创新过程中的组合以原有的事物或设想为主体进行附加，主体不变或变化微小。

(2) 附加部分起着补充、完善和利用主体的作用，不会导致主体有大的变动。

(3) 附加物包括两种类型，一种是已有的事物，另一种是根据主体的特点专门进行创新设计的附加装置。

(4) 附加物为主体服务。附加物的重要功能就是弥补主体的不足，使主体的功能更加完善。

拓展阅读

主体附加法——拨雨器的创造发明

早期的汽车在雨天行驶时，雨水落到车窗上往往使司机看不清前进的道路而造成事故。有一天，美国妇女玛利·安得逊乘车前往纽约。由于下雨，一路上司机神色紧张地驾驶着汽车，玛利·安得逊为此深感担心和着急。过后，她还在思考着这件事，思来想去，就在一个木柄上钉上一根皮条装在汽车上，用来拨开车窗上的雨水。后来，又有人把这种手动拨雨器改为机动拨雨器，并可控制拨动速度。这样，无论是在细雨中，还是遇到滂沱大雨，都遮挡不住司机的视线，从而大大减少了雨中行车的交通事故。这一发明创造即为主体附加法。汽车就是主体事物，拨雨器则是附加物。

在汽车这个主体上，不仅拨雨器是附加物，喇叭、方向灯、后视镜、温度表、遮光板，以及保险杠、里程表、行李架、消音器、蓄电池、刹车灯、收音机、空调等都是附加物。汽车能够发展到今天，除了其主体自身的不断进步外，这些主体附加物的发明创造起着不可低估的促进作用或完善作用。

2. 异类组合法

异类组合法是指两种或两种以上不同领域的技术思想或功能不同的产品组合在一起实现创新的组合技法。例如，无人机与机械臂结合，形成了可以实现空中抓取的飞行设备(见图 3-1)。再如，由喷气推进原理和燃气轮机技术组合，形成的喷气式发动机(见图 3-2)。

图 3-1　无人机与机械臂结合

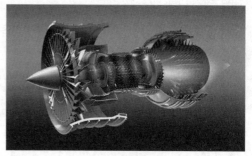

图 3-2　喷气式发动机

异类组合法具有以下三个特点。

(1) 组合对象(技术思想或产品)来自不同方面，一般没有主次关系。

(2) 参与组合的对象从意义、原理、构造、成分、功能等任一方面或多方面互相渗透，整体变化显著。

(3) 异类组合是异类求同的创新，创新性很强。

3. 同类组合法

同类组合法是指将两种或两种以上相同或相近的事物结合在一起的组合方法，又称同物组合法。组合的目的是在保持单一事物原有功能的前提下，通过数量的增加来弥补功能的不足或获取新的性能，从而产生新的价值。例如，华为手机，将两个摄像头组合起来，就形成了一款新型产品。再如，日本松下公司总裁松下幸之助，早年曾把原来人们使用的电源单头插座改为双头插座、三头插座，获得成功，为松下公司掘得"第一桶金"。

同类组合法具有以下四个特点。

(1) 组合的对象是两个或两个以上的同一事物或同类事物。

(2) 参与组合的对象在组合前后，其基本原理、性质和结构没有发生根本变化。

(3) 主要通过数量的增加来弥补功能上的不足，或得到新的功能。

(4) 组合结果往往具有对称性或一致性的趋向。

4. 重组组合法

重组组合法是指有目的地在事物的不同层次上分解原来的组合，并按照新的方式、新的目的进行重新组合，以促进事物的功能和性能发生变化的一种组合技法，又称为分解组合法。例如，企业各部门的重组，各个业务单元职能的重组，往往会给企业带来二次腾飞。再如，田忌赛马的故事也生动地说明了重组组合的创造性思想。还有搭积木、转魔方等。

重组组合法具有以下三个特点。

(1) 组合在同一事物上实施。

(2) 组合过程中一般不增加新的事物。

(3) 重组主要是改变事物各组成部分之间的相互关系，从而引起事物属性的变化。

拓展阅读

智能自行车

现代都市中，越来越高的油价和越来越拥挤的道路让不少人开始放弃驾车而重新骑上自行车出行，既经济、快捷、环保，又能健身，一举数得。于是，在自行车上的组合创新不断出现。

智能车把

Helios Bars 的车把是专门为自行车打造的智能行车系统。它可以通过蓝牙与

iPhone 手机连接，并集成了 GPS 模块，你只要在 iPhone 的地图上规划好骑车路线，骑行时 Helios Bars 就会通过两端的 LED 信号灯告知你向哪边转弯。另外，两侧 LED 灯的颜色变化还能够直观地告诉你骑行的大概车速，在默认的情况下，时速低于 15 公里时 LED 灯为红色，随着速度的提升灯光颜色由红转绿，当 LED 灯变为蓝色的时候，说明车子的速度已经超过时速 60 公里。LED 灯的颜色变化也可根据你的个人喜好在 App 中设定。

Helios Bars 的正中央还有一个可以提供 500 流明(Lumen，符号 LM，是光通量的图标单位)的车灯，续航时间可长达 7 小时。它还配备了距离感应系统，当你靠近自行车的时候，车灯会自动亮起，欢喜雀跃地表示欢迎；而当你远离自行车，灯则自然熄灭，黯然神伤，很有人情味。

车轮 LED 系统

Monkey Light 是一款装配在自行车轮子上的 LED 灯光系统。通过这套系统，骑行者仅需要通过简单的图片文件设置就可以让自行车轮在骑行时形成一个屏幕，播放出各种彩色的动画效果，超级个性。

该系统由四组呈十字状排列的防水 LED 灯组成，整个装置主要安装在自行车轮轴及车轮辐条上，每个子系统组件最高配置达 256 个 LED 灯，使用锂电池供电。通过一套基于网页的软件应用，Monkey Light 可以创建个性化的播放列表。

路况信息扫描系统

晚上骑行，最怕的事情除了遇上劫匪就是路上碰到坑沟砖石，如果遇到没有井盖的井洞，更可能造成车毁人伤的事故。Lumigrids 就是一套用来规避这种情况的小设备。它可以把网格光线投射到自行车前方的地面上，如果路面平坦，网格就是正正规规的方格，但当前方路面的地形高低发生改变时，网格就会发生相应的弯曲，提示前方存在潜在危险。骑车人通过这种网格光线的变形，可以直观地了解到前方的路况信息，从而及时绕行或停下。Lumigrids 直接安装在自行车车把上，当自行车静止不动时，Lumigrids 可由内置电池供电，而当自行车行进时，可以通过车轮转动带来的动能为其供电并给电池充电。根据路面状况，这款装置拥有 3 种不同的网格尺寸对应不同的模式，分别是普通模式(14 厘米×18 厘米)、高速模式(14 厘米×26 厘米)及车队模式(30 厘米×20 厘米)。

从上述智能单车的案例中，我们可以看到，酷炫车轮创意的出发点是出于外观的考虑，而不是实用目的；而路况网格和智能车把的组合则是出于实用的目的，能够解决骑行过程中的实际问题。不难预料，自行车的组合创新将迅速进入繁荣时期。随着燃油汽车的逐步停产、停售，高智能、多功能的自行车和手机一样，将成为人们生活中不可或缺的现代工具。

(资料来源: www.newmotor.com.cn/html/cpkd/45221.html)

二、列举创新法

列举创新法是一种具体运用发散性思维来克服思维定式的一种创新方法。它运用了分解和分析的方法，主要是将研究对象的特点、缺点、希望点罗列出来，提出改进措施，形成有独创性的设想。

列举创新法具有以下一些特点：采用了系统分析的方法，重视需求的分析，使创造过程系统化、程序化；运用了分解和分析的方法，在详尽分析的基础上进行列举；该方法简单实用，是一种较为直接的创造技法，特别适用于新产品开发、旧产品改造的创造性过程，同时为创造性解决问题提供了方向和思路。

按照所列举对象的不同，列举法可分为缺点列举法、希望点列举法、特点列举法。

1. 缺点列举法

俗话说："金无足赤，人无完人。"世界上任何事物都不可能十全十美，总存在这样或那样的缺点。缺点列举法就是通过发现、挖掘已有事物的缺点，将它的具体缺点一一列举出来，通过分析选择，确定创新目标，制定革新方案，从而进行创造发明的创新技法，它是改进原有事物的一种创新方法。此方法主要围绕原事物的缺陷加以改进，一般不改变原事物的本质与总体，不仅可以用于老产品的改造，还可用于不成熟的新设想、新产品的完善。

列举缺点并不是一件容易的事情，原因在于每一种事物的设计，最初也总是考虑到种种可能的缺点而设法避免的。因此对一种事物的缺点进行列举，首先要对这种事物的某些特点、功用、性能等持一种"吹毛求疵"的看法，敢于质疑，只要处处留心，时时观察，产品的缺点是不难发现的。

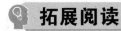 **拓展阅读**

衣物洗涤剂的更新换代

古人洗衣用草木灰、皂角等天然物品。今天在一些边远地方，仍然可以看到一些妇女在河边石板上用木棒击打蘸了草木灰的衣服的洗衣场景。

19世纪中叶，肥皂从欧洲传入中国。20世纪50年代以后洗衣粉工业成熟，80年代后出现了洗衣液。肥皂适合于手洗衣服，洗衣机洗衣要使用洗衣粉或洗衣液。这些洗涤产品的更新换代，就是对产品缺点的洞察和不断改良的结果。

我们来看一下在衣物洗涤剂创新中，运用缺点列举法把洗衣粉改造为洗衣液的思维。

洗衣粉的主要缺点：一是主要成分是阴离子表面活性剂，在使用过程中不能完全溶解，不易漂洗，残留物容易导致衣物损伤，且刺激皮肤；二是属于强碱性(pH值超过12)，在使用过程中需要戴手套，以减小对皮肤的刺激；三是只能洗棉、麻和化纤类衣物；四是产生的废液在自然界降解困难(特别是含磷、含荧光增白剂的洗衣粉)，造成水质污染甚至带毒，对生态造成很大的破坏。

针对这些缺点，洗衣液做了改良：一是改用非离子表面活性剂，去污能力强，能够完全溶解且溶解速度快，易漂易洗，不会伤及皮肤和衣物；二是pH值近中性，配方温和，不伤手；三是可以洗丝绸、羊毛等娇贵织物以及婴儿衣物；四是降解比较完全，造成的环境破坏较小。此外，洗衣液的技术含量更高，便于添加各种有效成分，令衣物蓬松、柔软、光滑、亮泽，并且具有除菌和持久留香的功效。

如今，洗衣液已经占据了衣物洗涤剂市场的半壁江山，洗衣粉退居地板、洁具等的清洁中。但这并不意味着洗衣液就是衣物洗涤剂的最终定型，洗衣液依然有缺点，如每次用量很难掌握，少了洗不净，多了漂不尽，还有，洗衣液比较贵。于是，又有新的衣物洗涤产品出现了。一种是洗衣凝珠，它把液体封在薄膜中，样子像糖果，薄膜遇水会溶化，使用更方便，而且洗涤时更加省水，相较于普通的洗衣液有着更大的优势。其缺点是价格偏贵，且无法调节分量。还有一种是采用纳米超浓缩技术的洗衣片，这种洗涤剂是固态的，遇水即溶，携带方便，可以按需要使用。至于它有什么缺点，要等用过后才能发现，目前上市不久，尚未普及。

（资料来源：微信公众号思享中南）

2. 希望点列举法

希望点列举法是通过列举事物被希望具有的特征，以寻找发明目标的方法。它可以不受原有物品的束缚，相较于缺点列举法，它是一种积极、主动型的创造发明方法。该方法通常用于新产品开发上。

现在，市场上许多新产品都是根据人们的"希望"研制出来的。例如，人们希望茶杯在冬天能保暖，在夏天能隔热，就发明了一种保温杯；人们希望有一种不用纽扣的穿着方便的衣服，就发明了一种不用纽扣的尼龙搭扣衣服；人们希望冬暖夏凉，就发明了空调机；人们希望快速计算，就发明了计算机，等等。

3. 特点列举法

特点列举法是将创造对象按其特点进行详细分解，并将分解的特点细节一一列举出来。这样，从局部着眼，复杂的事物变得简单、隐晦的问题变得明朗、分散的目标变得集中，这就使得人们观察得更具体、感知得更真切，更有利于启发人们发挥想象力；从整体来看，这种方法如同面对事物而撒开了一张大"网"，不论是"鱼"是"虾"都"在劫难逃"，这就使人们能够发现所需要解决的问题，并进而探讨特征变换，提出创新设想，以进行发明创造。

三、移植创新法

移植创新法是将某个学科领域中已经发现的原理、技术、方法、结构、材料和用途等移植、应用或渗透到其他学科、技术领域中去，为解决其他学科、技术领域中的疑难问题提供启示或帮助，从而得到新作品的一种创新方法。移植法的原理是将各种理论和技术进行转移，一般是把已成熟的成果转移、应用到新的领域，用来解决新的问题。因此，移植法是现有成果在新情境下的延伸、拓展和再创造。

移植创新法应用的必要条件包括：一是用常规方法难以找到理想的设计方案或解

题设想，或者利用本专业领域的技术知识根本就无法找到出路；二是其他领域存在解决相似或相近问题的方式方法；三是对移植结果能否保证系统整体的新颖性、先进性和实用性有一个估计或肯定性判断。

移植法可以从原理移植、技术移植、方法移植、结构移植、功能移植、材料移植等方面切入，发现与利用事物之间的相似性，形成联想，这是运用移植法的要领。

(1) 原理移植，即把某一学科中的科学原理应用于解决其他学科中的问题。例如，飞艇，则是移植了"热空气上升"的原理。再如，红外辐射是一种很普通的物理过程，将其原理移植到其他领域，就形成了红外探测、遥感、诊断、导弹制导等多种功能。

(2) 技术移植，即把某一领域中的技术运用于解决其他领域中的问题。

(3) 方法移植，即把某一学科、领域中的方法应用于解决其他学科、领域中的问题。例如，将代数方法移植到几何领域，就给几何这门学科提供了高效的计算方法。

(4) 结构移植，即将某种事物的结构形式或结构特征，部分地或整体地应用于另外的某种产品的设计与制造。

(5) 功能移植，即通过设法使某一事物的某种功能也为另一事物所具有而解决某个问题。例如，新型保暖潜水服就是将海狸毛皮的保暖功能移植过来而产生的。

(6) 材料移植，即把某一种新材料应用到不同的领域中，进而产生不同的创新。例如，用塑料、玻璃纤维取代钢材制造坦克的外壳，不但减轻了坦克的重量，而且具有避开雷达的隐形功能。

在运用移植法时，一般有以下两种思路：一是成果推广型移植，即把现有科技成果向其他领域铺展延伸的移植，其关键是在搞清现有成果的原理、功能及使用范围的基础上，利用发散思维方法寻找新载体；二是解决问题型移植，即从研究的问题出发，通过发散思维找到现有成果，通过移植使问题得到解决。

四、类比创新法

类比创新法又叫综摄法，是由美国麻省理工学院教授威廉·戈登(W.J.Gordon)于1944年提出的，是指以外部事物或已有的发明成果为媒介，并将它们分成若干要素，对其中的元素进行讨论研究，综合利用激发出来的灵感，来发明新事物或解决问题的方法。

根据类比的对象、方式等的不同，类比创新法大致可以分为以下几种类型。

1. 直接类比

根据原型的启发，直接将一类事物的现象或规律用到另一类事物上。

2. 仿生类比

根据生物结构、功能或原理而产生新成果。例如，仿照鸟类展翅飞翔，造出了具有机翼的飞机。同样地，发现了鸟类可以直接腾空起飞不需要跑道，又发明了直升机。

3. 拟人类比

把人自身与创新对象进行类比，从中发现相似点，形成新构思。例如，机器人的设计就是模拟人的动作，挖掘机的设计就是模拟人体手臂的动作(见图 3-3)。在机械设计中，采用这种"拟人化"的设计，可以从人体某一部分的动作中得到启发，常常会收到意想不到的效果。

图 3-3 挖掘机

4. 象征类比

用具体的事物或符号来表示某种抽象的概念和思想感情。象征类比应用较多的是在建筑设计中。例如，设计纪念碑、纪念馆，需要赋予它们"宏伟""庄严""典雅"的象征格调；相反地，设计咖啡馆、音乐厅，就需要赋予它们"艺术""优雅"的象征格调。

5. 想象类比

充分利用人类的想象能力，通过童话、小说、幻想、谚语等来寻找灵感，以获取解决问题的方案。例如，孙悟空的金箍棒能大能小、收缩自如，有人就通过想象类比，发明了一种可以收缩的自行车把。

6. 因果类比

根据某一或某类事物属性之间的因果联系，推知另一与其相似或相同事物的属性之间也存在类似的因果关系。例如，MIT 的科学家谢皮罗，他观察到排放浴缸里面水的时候水会形成逆时针的涡流，分析这一现象与地球的自转有关，由此做出猜想——南半球的水会是顺时针的涡流，并最后得到证实，此后这一现象被称为谢皮罗现象。

拓展阅读

萤火虫和人工冷光

在夜空中，在皎洁的月光下，飞出一个个提着灯笼的萤火虫。它可是我们人类的"老师"。因为科学家通过萤火虫的光，发明了一种不伤眼的光——人工冷光。早在20世纪40年代，人们根据对萤火虫的研究，创造出日光灯，使人们的照明光源发生了很大的变化。近年来，科学家先是从萤火虫的发光器中分离出了纯荧光素，后来又分离出了荧光酶，接着又用化学方法合成了荧光素、荧光酶、ATP 和水混合成的生物光源，可在充满爆炸性瓦斯的矿井中充当闪光灯。

现在人们已能用掺和某种化学物质的方法得到类似生物光的冷光，作为安全照明用。

在我们眼中，萤火虫只是一种会发光的生物罢了，可是在科学家眼中，它却成了一盏盏闪光灯。因此我们在生活中要多多观察大自然给予的启示。

(资料来源：百度百科 https://baike.baidu.com/item/人工冷光/10987177?fr=aladdin)

五、模仿创新法

模仿创新法是通过模仿旧事物创造出与其相类似事物的创新方法。根据模仿程度的不同，可以分为机械式模仿、启发式模仿和突破式模仿。机械式模仿是把别人成功的经验和先进的生产方式直接吸收过来，加以借用，很少独创。启发式模仿是在其他对象的启发下完成的创造。例如，在小创伤护理市场，"邦迪"创可贴给伤口止血的创伤药的优势只在于胶布的良好性能，没有消毒杀菌的功能，云南白药认为自己的市场机会在于可使小伤口更快地愈合，因此云南白药创可贴成功地模仿并超越"邦迪"创可贴，迅速占领市场。突破式模仿是指与自己所模仿的东西相比发生了质的变化，变成了自己的东西，是一种全新的创造。

第二节　奥斯本检核表法

有人认为，20 世纪最伟大的发明就是发明了指导人们如何进行发明的方法，这个方法就是奥斯本检核表法。该方法是由亚历克斯·奥斯本(A. F. Osborn)提出的，他被称为"美国创新技法和创新过程之父"。起初这个检核表法仅作为智力激励法的辅助工具，供会议主持人引导发言使用，后来在实践中发现，这个方法不仅能够对怎么提问题作示范，而且还能启发和产生大量的创造性设想，从而演变为一种创造技法。

一、奥斯本检核表法概述

奥斯本检核表法是指根据需要研究的对象的特点列出有关问题，形成检核表。然后一个一个地来核对讨论，从而发掘出解决问题的大量设想。它引导人们根据检核项目的一条条思路来求解问题，有利于求得比较周密的思考。

奥斯本检核表法是指以该方法的发明者奥斯本命名、引导主体在创造过程中对照 9 个方面的问题进行思考，以便启迪思路、开拓思维想象的空间、促进人们产生新设想和新方案的方法。奥斯本检核表法主要涉及 9 个大问题，即能否他用、能否借用、能否改变、能否扩大、能否缩小、能否替代、能否调整、能否颠倒、能否组合。奥斯本检核表法的实用性强，应用的范围也非常广泛，效果突出，因此被人们誉为"创造技法之母"。

奥斯本检核表法是一种具有较强启发创新思维的方法。它强制人去思考，有利于突破一些人不愿提问题或不善于提问题的心理障碍。提问，尤其是提出有创见的新问题本身就是一种创新。它又是一种多向发散的思考，使人的思维角度、思维目标更丰富。另外，核检思考提供了创新活动最基本的思路，可以使创新者尽快集中精力，朝着提示的目标方向去构想、去创造、去创新。

奥斯本检核表法有利于提高发现创新的成功率。创新发明最大的敌人是思维的惰性。大部分人的思维总是自觉和不自觉地沿着长期形成的思维模式来看待事物，对问题不敏感，即使看出了事物的缺陷和毛病，也懒得于进一步思索。然而，奥斯本检核表法的设计特点之一是多向思维，用多条提示引导你去发散思考。例如，奥斯本检核表法中有9个问题，就好像有9个人从9个角度帮助人们思考。每个人可以把9个思考点都试一试，也可以从中挑选一两条集中精力深思。

利用奥斯本检核表法，可以产生大量的原始思路和原始创意，它对人们的发散思维有很大的启发作用。当然，运用此方法时还要注意几个问题。第一，它要和具体的知识经验相结合。奥斯本检核表法只是提示了思考的一般角度和思路，思路的发展还要依赖人们的具体思考。第二，要结合改进对象(方案或产品)来进行思考。第三，可以自行设计大量的问题来提问。提出的问题越新颖，得到的主意可能越有创意。

奥斯本检核表法的优点很突出，它使思考问题的角度具体化了。但它也有缺点，作为改进型的创新方法，必须预先选定一个有待改进的对象，然后在此基础上设法加以改进。因此，它不是原创型的，但有时候，也能够产生原创型的创意。比如，把一个产品的原理引入另一个领域，就可能产生原创型的创意。

二、奥斯本检核表法的内容

奥斯本检核表法包含9个大问题75个小问题(见表3-1)。这些问题不是凭空想象出来的，而是奥斯本在研究和总结了大量近现代科学发明、创造事例的基础上归纳出来的。

这9个大问题的具体含义包括以下内容。

(1) 能否他用，即现有事物除了人们公认的功能之外，是否还有其他的用途。

某个东西还能有其他什么用途、还能用其他什么方法使用它等问题能使我们的想象活跃起来。当人们拥有某种材料，为扩大它的用途、打开它的市场，就必须善于进行这种思考。德国有人想出了 300 种利用花生的实用方法，仅仅用于烹调，他就想出了 100 多种方法。橡胶有什么用处？有家公司提出了成千上万种设想，如用它制成床毯、浴盆、人行道边饰、鸟笼、门扶手、棺材、墓碑等。当人们将自己的想象投入这条广阔的"高速公路"上就会以丰富的想象力产生出更多的好设想。

(2) 能否借用，即能否引入其他创造性设想；能否模仿别的东西；能否从其他领域、产品或方案中引入新的元素、材料、造型、原理、工艺、思路。

电灯在开始时只用来照明，后来，人们改进了光线的波长，发明了紫外线灯、红外线加热灯、灭菌灯，等等。科学技术的重大进步不仅表现在某些科学技术难题的突破上，还表现在科学技术成果的推广应用上。一种新产品、新工艺、新材料，必将随着它的越来越多的新应用而显示其生命力。

(3) 能否改变，即现有事物能否做些改变，如颜色、声音、味道、式样、花色、音响、品种、意义、制造方法等。

例如，汽车，有时改变一下车身的颜色，就会增加汽车的美感，从而提高销售量。再如，面包，给它裹上一层芳香的包装，就能提高其嗅觉诱力。

(4) 能否扩大，即能否扩大使用范围；能否增加使用功能；能否添加零部件；能否延长它的使用寿命，增加长度、厚度、强度、频率、速度、数量、价值。

在自我发问的技巧中，研究"再多些"与"再少些"这类有关联的成分，能给想象提供大量的构思设想。使用加法和乘法，便可能使人们扩大探索的领域。

(5) 能否缩小，即现有事物能否体积变小、长度变短、重量变轻、厚度变薄，以及拆分或省略某些部分(简单化)；能否浓缩化、省力化、方便化。

例如，袖珍式收音机、微型计算机、折叠伞等就是缩小的产物。没有内胎的轮胎、尽可能删去细节的漫画，就是省略的结果。

(6) 能否替代，即现有事物能否用其他材料、元件、结构、力、方法、声音、符号等代替。

例如，在气体中用液压传动来替代金属齿轮，用充氩的办法来代替电灯泡中的真空，提高钨丝灯泡亮度。通过取代、替换的途径也可以为想象提供广阔的探索领域。

(7) 能否调整，即现有事物能否变换排列顺序、位置、时间、速度、计划、型号；内部元件可否调换。

重新安排通常会带来很多的创造性设想。飞机诞生的初期，螺旋桨安排在头部，后来，将它装到了顶部，成了直升机，喷气式飞机则把它安放在尾部，说明通过重新安排可以产生种种创造性设想。商店柜台的重新安排，营业时间的合理调整，电视节目的顺序安排，机器设备的布局调整等，都有可能导致更好的结果。

(8) 能否颠倒，即现有的事物能否从里外、上下、左右、前后、横竖、主次、正负、因果等相反角度颠倒过来用。

这是一种反向思维的方法，它在创造活动中是一种颇为常见和有用的思维方法。第一次世界大战期间，有人就曾运用这种"颠倒"的设想建造舰船，使建造速度有了显著提高。

(9) 能否组合，即现有的事物能否进行原理组合、材料组合、部件组合、形状组合、功能组合、目的组合。

例如，把铅笔和橡皮组合在一起成为带橡皮的铅笔，把几种部件组合在一起变成组合机床，把几种金属组合在一起变成种种性能不同的合金，把几件材料组合在一起制成复合材料，等等。

表 3-1　奥斯本检核表法的 9 个大问题 75 个小问题

序号	检核项目	细分问题
1	能否他用	有无新的用途？是否有新的使用方法？可否改变现有的使用方法？
2	能否借用	有无类似的东西？利用类比能否产生新观念？过去有无类似的问题？可否模仿？能否超过？
3	能否改变	可否改变功能？可否改变颜色？可否改变形状？可否改变运动？可否改变气味？可否改变音响？可否改变外形？是否还有其他改变的可能性？
4	能否扩大	可否增加些什么？可否附加些什么？可否增加使用时间？可否增加频率？可否增加尺寸？可否增加强度？可否提高性能？可否增加新成分？可否加倍？可否扩大若干倍？可否放大？可否夸大？
5	能否缩小	可否减少些什么？可否密集？可否压缩？可否浓缩？可否聚合？可否微型化？可否缩短？可否变窄？可否去掉？可否分割？可否减轻？可否变成流线型？

续表

序号	检核项目	细分问题
6	能否替代	可否代替？用什么代替？还有什么别的排列？还有什么别的成分？还有什么别的材料？还有什么别的过程？还有什么别的能源？还有什么别的颜色？还有什么别的音响？还有什么别的照明？
7	能否调整	可否变换？可无可互换的成分？可否变换模式？可否变换布置顺序？可否变换操作工序？可否变换因果关系？可否变换速度或频率？可否变换工作规范？
8	能否颠倒	可否颠倒？可否颠倒正负？可否颠倒正反？可否头尾颠倒？可否上下颠倒？可否颠倒位置？可否颠倒作用？
9	能否组合	可否重新组合？可否尝试混合？可否尝试合成？可否尝试配合？可否尝试协调？可否尝试配套？可否把物体进行组合？可否把目的进行组合？可否把特性进行组合？可否把观念进行组合？

例如，自行车的创新设计，也可以运用奥斯本检核表法加以改进(见表 3-2)。

表 3-2　奥斯本检核表法在自行车中的应用

序　号	检核项目	引出的发明
1	能否他用	其他功能：健身、举重、竞赛
2	能否借用	能在水中行驶、飞翔的自行车、滑雪自行车
3	能否改变	不同颜色的自行车、三轮自行车、三角车轮自行车
4	能否扩大	双人自行车、多人自行车
5	能否缩小	独轮车、自行车模型玩具、儿童自行车
6	能否替代	用木材制作自行车、复合材料自行车
7	能否调整	变速自行车、折叠自行车、变形自行车
8	能否颠倒	反着骑的自行车、背靠背的自行车
9	能否组合	带音响的自行车、带伞的自行车、带车篷的自行车

三、奥斯本检核表法的实施步骤

奥斯本检核表法的核心是改进，并且是通过变化来改进。其基本做法是：首先，选定一个要改进的产品或方案；其次，面对一个需要改进的产品或方案，或者面对一个问题，并由此产生大量的思路；最后，根据第二步提出的思路，进行筛选和进一步思考与完善。

奥斯本检核表法进行创新活动的实施步骤具体如下。

第一步：根据创新对象明确需要解决的问题。

第二步：根据需要解决的问题，参照表中列出的问题，运用丰富的想象力，强制性地逐个核对讨论，写出新设想。

第三步：对新设想进行筛选，将最有价值和创新性的设想筛选出来。

实施这种方法，需要注意以下事项。

(1) 要联系实际一条一条地进行检核，不要有遗漏。

(2) 要多检核几遍，效果会更好，或许会更准确地选择出所需创新、发明的方面。

(3) 在核检每项内容时，要尽可能地发挥自己的想象力和联想力，产生更多的创造性设想。进行检索思考时，可以将每大类问题作为一种单独的创新方法来运用。

(4) 检核方式可根据需要，一人检核、多人共同检核都可以。集体检核可以互相激励，产生头脑风暴，更有希望创新。

拓展阅读

奥斯本检核表法训练

训练题目：运用检核表法对"眼镜"进行创新设计(见表 3-3)。

表 3-3 奥斯本检核表法训练"眼镜"

序　号	检核项目	引出的发明
1	能否他用	将眼镜直接当作照相机来使用；将眼镜配备其他如蓝牙、闪盘等辅助设备，可以直接作为快速记忆扫描仪来使用
2	能否借用	目前，越来越多的女生喜欢佩戴太阳镜，能否使眼镜像发卡、蝴蝶结、手环一样可以任意变形地佩戴，随心所欲
3	能否改变	使眼镜镜片能够进行两种以上颜色的改变，如黑白之间、彩色之间的变换
4	能否扩大	很多盲人会戴着墨镜以起到遮蔽作用，可不可以使眼镜能够真正成为盲人的"眼睛"呢
5	能否缩小	能否改变镜片、镜架、镜腿的连接方式呢，不再需要那些沉重的螺丝，减轻人们的负担
6	能否替代	采用一种新型材料，柔软、质轻，从而使得眼镜不易损坏

续表

序　号	检核项目	引出的发明
7	能否调整	长时间佩戴会使眼睛变形，能否改变眼镜的佩戴方式或是采用更好的人机设计
8	能否颠倒	使眼镜能像汽车后视镜一样，使人能够在不回头的情况下看到身后的情景
9	能否组合	现在很多年轻人都会佩戴眼镜，如近视镜、太阳镜，而这部分人群又非常喜欢诸如 MP3/MP4 等产品，那么为什么不使眼镜具有播放歌曲的功能呢

解决方案：设计一款时尚的眼镜，内置 MP3、蓝牙、红外线，将蓝牙耳机、MP3 与时尚眼镜结合——视听一体。

第三节　TRIZ 法

一、TRIZ 理论概述

TRIZ 在我国被直译为"萃智"，意译为发明问题解决理论。该方法创立于 1946 年，由苏联发明家、教育家根里奇·阿奇舒勒(G.S.Altshuller)及其团队在分析研究了世界各国 250 万件专利，并综合多学科领域的原理和法则建立起来的体系，其目的是研究人类进行创造、解决技术难题过程中所遵循的科学原理和法则。TRIZ 认为创新不是灵感的闪现和随机的探索，它存在解决问题的一般规律，这些规律和原则可以告诉人们按照什么样的方法和过程去创新并对结果具有预见性和可控性。因其在不同技术领域发挥的巨大作用，TRIZ 法成为苏联的最高国家机密，被西方国家誉为"神奇的点金术"。苏联解体后，TRIZ 法传播至欧美国家及日本和韩国等地，并得到了进一步发展，逐渐成为各国实现创新的制胜法宝。

经过半个多世纪的发展，TRIZ 法已经发展成为一套解决新产品开发实际问题的成熟的理论和方法体系，它实用性强，并经过了实践检验，在欧美、日本等发达国家得到了极大的关注，并在航空航天、信息产业、汽车制造、生物医药、石油化工、食品等诸多领域，以及波音、宝马、克莱斯勒、通用电气、三星、摩托罗拉、强生等很多世界 500 强企业中得到了广泛应用，帮助众多知名企业取得了重大的效益，极大地提高了企业的自主创新能力。

相较于传统的创新方法，TRIZ 法具有鲜明的特点和优势。一方面，它成功地揭示了创造发明的内在规律和原理，着力于澄清和强调系统中存在的矛盾，而不是逃避矛盾，其目标是完全解决矛盾，获得最终的理想解；另一方面，它是基于技术的发展演化规律研究整个设计与开发过程，而不再是随机的行为。实践证明，运用 TRIZ 方法，不仅可以大大加快人们创造发明的进程，而且能得到高质量的创新产品。

拓展阅读

TRIZ 在国外企业的应用案例

(1) 1997 年，韩国的三星电子正式引入 TRIZ，成立了专门的 TRIZ 协会对 TRIZ 方法开展学习和应用研究。在应用过程中产生了较大的经济效益。1998—2002 年，三星电子共获得了美国工业设计协会颁发的 17 项工业设计奖，连续 5 年成为获奖最多的公司。2003 年，三星电子在 67 个研究开发项目中运用了 TRIZ，为公司节约经费 1.5 亿美元，并产生了 52 项专利技术。到 2005 年，三星电子的美国发明专利授权数量在全球排名第五，领先于日本竞争对手索尼、日立等公司。每年三星电子可以通过对 TRIZ 理论的应用解决大量的实际技术问题，大量节约了研发资金的投入，仅三星集团先进技术研究院(SAIT)就节省 9000 多万美元的研发费用。三星电子应用 TRIZ 方法促进技术引进向技术创新转化的成功之路，给渴望在经济全球化竞争中占有一席之地的中国企业提供了极为有益的借鉴和启示。

(2) 2001 年，波音公司邀请 25 名苏联 TRIZ 专家，对波音 450 名工程师进行了两个星期的培训和讨论，取得了波音 767 空中加油机研发的关键技术突破，最终波音战胜空客公司，赢得了价值 15 亿美元空中加油机订单。波音公司还利用 TRIZ 方法成功解决了波音 737 改进型飞机的发动机罩外形问题；波音 747 飞机也是波音公司的工程师运用 TRIZ 法把公司喷气式发动机、航空材料、导航等方面的新技术成果集成起来，开发出与之配套的制造技术和工艺后投入商业运行的。

(3) 美国福特汽车公司在解决一款车的方向盘颤抖问题时就很好地利用了 TRIZ 方法来解决问题。TRIZ 方法的应用给公司每年创造的效益大约在 1 亿美元以上。

(4) 德国宝马——在欧洲那些最初为行人和马车修建的城市里，虽然燃料费用颇高，然而交通仍然非常拥挤。为改善此种状况，市政府通过加税来提高大型汽车在城市里的费用，以鼓励小型汽车的生产。迷你型汽车本身并没有使用特殊材料来吸收能量，仅仅做了结构上的创新，其抵抗外力变形的能力便可与一辆普通轿车相媲美。这个创新的过程就是运用了 TRIZ 方法，达到了没有增加新的材料而实现了其预定功能的效果。

(5) 美国 NASA 的 Jet Propulsion Laboratory 研究员开发在超低温下工作的电池，通过 TRIZ 的运营，短时间内查找可以进行实验的数 10 个解决方案思路，成功开发出新性能的电池。

(6) 松下通信系统设备有限公司于 2001 年引入 TRIZ，在两年的时间里，500 名工程师接受了 TRIZ 培训，其中很多人现在已经能够把 TRIZ 灵活运用于公司的各个部门的不同工作中。在一个工程项目中，为了把一个电子记录白板的包装尺寸减半，通过功能分解和矛盾矩阵，从问题的不同方面给出了很多概念解决方案，最终采取把主板用 4 个部件拼接而成使问题得到解决，应用 TRIZ 法，使新产品的包装体积减小了一半，制造成本减少了 10%，销量提高了 1.5 倍。

(资料来源：陕西创新方法网. www.sntriz.cn/htm/column25.htm)

二、TRIZ 的九大理论体系

TRIZ 理论体系是以辩证法、系统论和认识论为哲学指导，以自然科学、系统科学和思维科学的分析和研究成果为根基和支柱，以技术系统进化法则为理论基础，以技术系统(如产品)和技术过程(如工艺流程)、(技术系统进化过程中产生的)矛盾、(解决矛盾所用的)资源、理想化最终结果为四大基本概念，致力于解决工程矛盾问题和复杂发明问题的分析方法、解决工具和解题流程(见图 3-4)。

TRIZ 的理论前提和基本认识包括以下内容。

(1) 产品或技术系统的进化有规律可循。

(2) 生产实践中遇到的工程矛盾反复出现。

(3) 彻底解决工程矛盾的创新原理容易掌握。

(4) 其他领域的科学原理可解决本领域的技术问题。

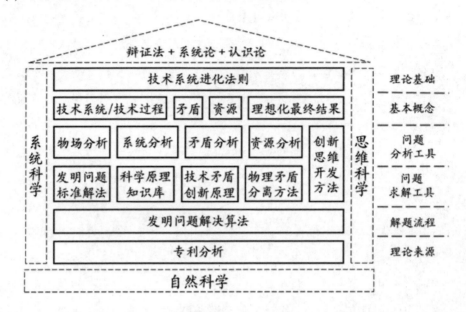

图 3-4 经典 TRIZ 理论体系

TRIZ 理论包含着许多系统、科学而又富有可操作性的创造性思维方法和发明问题的分析方法。经过半个多世纪的发展，TRIZ 理论已经形成一套解决新产品开发实际问题的成熟的九大经典理论体系。

(一)TRIZ 的技术系统八大进化法则

阿奇舒勒的技术系统进化论可以与自然科学中的达尔文生物进化论和斯宾塞的社会达尔文主义比肩，被称为"三大进化论"。TRIZ 的技术系统八大进化法则分别是：技术系统的 S 曲线进化法则；提高理想度法则；子系统的不均衡进化法则；动态性和可控性进化法则；增加集成度再进行简化法则；子系统协调性进化法则；向微观级和场的应用进化法则；减少人工介入的进化法则。

技术系统的这八大进化法则可以应用于产生市场需求、定性技术预测、产生新技术、专利布局和选择企业战略制定的时机等。

(二)最终理想解(IFR)

如果将创造性解决问题的方法比作通向胜利的桥梁，那么最终理想解(IFR)就是这座桥梁的桥墩。

　　TRIZ 理论在解决问题之初，首先抛开各种客观限制条件，通过理想化来定义问题的最终理想解(Ideal Final Result，IFR)，以明确理想解所在的方向和位置，保证在问题解决过程中沿着此目标前进并获得最终理想解，从而克服了传统创新涉及方法中缺乏目标的弊端，提升了创新设计的效率。

　　最终理想解(IFR)有四个特点，即保持了原系统的优点，消除了原系统的不足，没有使系统变得更复杂，没有引入新的缺陷。

(三)40 个发明原理

　　阿奇舒勒对大量的专利进行了研究、分析和总结，提炼出了 TRIZ 中最重要的、具有普遍用途的 40 个发明原理(见图 3-5)。

拓展阅读

TRIZ 原理之 40 个创新原理——分割

　　分割(Segmentation)原理体现在以下 3 个方面。

　　(1) 将物体分割为独立部分。

　　比如，用个人计算机代替大型计算机；用卡车加拖车的方式代替大卡车；用烽火传递信息(分割信息传递距离)；在大项目中应用工作分解结构等。

　　(2) 使物体成为可组合的(易于拆卸和组装)。

　　比如，组合式家具；橡胶软管可利用快速拆卸接头连接成所需要的长度等。

　　(3) 增加物体被分割的程度。

　　比如，用软的百叶窗代替整幅大窗帘；电子线路板(PCB)表面贴装技术(SMT)中所使用的锡膏，主要成分是粉末状的焊锡，用这种焊锡替代传统焊接用的焊锡丝和焊锡条，从而大大地提升了焊接的透彻程度等。

TRIZ 故事——通红的玻璃板

　　在玻璃批量生产线上，对玻璃先进行加热然后再进行加工，加工完成后的玻璃仍处于通红状态，需要将其输送到指定位置直至冷却下来。

现在的问题是，因为玻璃还处于高温，呈现柔软的状态，在滚轴传输线的输送过程中会因为重力下垂而造成变形，导致玻璃表面凹凸不平，后续需要大量的打磨工作来进行修整。

年轻的工程师提出将传输线上的滚轴直径做到尽量小，以减小玻璃悬空的面积，提高玻璃的平度。

"我们可以将滚轴直径做到像火柴棍一样细，"年轻的工程师说，"组成一个传输线。"

"那么，每米长度内将有大约 500 个滚轴，安装时需要像做珠宝首饰一样细致。"老工程师说，"想一想这个传输线的造价。"

"我认为我们不能再考虑滚轴传输线，"一位工程师说，"最好用新的方法来替代它。"

"有什么好办法呢？"年轻的工程师说道。

……

突然，TRIZ 先生出现了。

"让我们来研究一下这个问题，"他说，"从方法上来选择。"

随后，一个基于分割原理的解决方案展示了出来。

突破常规思维的限制，将滚轴直径无限缩小，小到头发丝、1/100mm、1/1000mm、1/10000mm……一直分割下去，会是什么呢？物质呈现分子、原子状态。

解决方案是，用熔化的锡来代替滚轴。传输线是一个长长的、盛满熔化锡的槽子。由于锡的熔点低而沸点高，正适合通红的玻璃板的冷却温度区间，熔化锡在重力作用下，会呈现出一个绝对平面，可以很好地满足此工序的要求。

而基于这个解决方案，又出现了很多的专利，如给锡通电可以与磁铁一起作用，来完成对玻璃的成型加工。

（资料来源：微信公众号机械工程师，工程师的创新哲学——TRIZ 的 40 个发明原理）

图3-5　40个发明原理

(四)39 个工程参数及阿奇舒勒矛盾矩阵

在对专利的研究中，阿奇舒勒发现，仅有 39 项工程参数在彼此相对改善和恶化，而这些专利都是在不同的领域上解决这些工程参数的冲突与矛盾。这些矛盾不断地出现，又不断地被解决。由此他总结出了解决冲突和矛盾的 40 个创新原理。之后，将这些冲突与冲突解决原理组成一个由 39 个改善参数与 39 个恶化参数构成的矩阵，矩阵的横轴表示希望得到改善的参数，纵轴表示某技术特性改善引起恶化的参数，横纵轴各参数交叉处的数字表示用来解决系统矛盾时所使用创新原理的编号。这就是著名的技术矛盾矩阵。阿奇舒勒矛盾矩阵为问题解决者提供了一个可以根据系统中产生矛盾的两个工程参数，从矩阵表中直接查找化解该矛盾的发明原理来解决问题。

(五)物理矛盾和四大分离原理

当一个技术系统的工程参数具有相反的需求，就出现了物理矛盾。比如说，要求系统的某个参数既要出现又不存在，或是既要高又要低，或是既要大又要小，等等。相对于技术矛盾，物理矛盾是一种更尖锐的矛盾，创新中需要加以解决。物理矛盾所存在的子系统就是系统的关键子系统，系统或关键子系统应该具有满足某个需求的参数特性，但另一个需求要求系统或关键子系统又不能具有这样的参数特性。

分离原理是阿奇舒勒针对物理矛盾的解决而提出的，分离方法共有 11 种，归纳概括为四大分离原理，分别是空间分离、时间分离、基于条件的分离和系统级别分离。

(六)物—场模型分析

物—场分析是 TRIZ 理论中的一种分析工具，用于建立与已存在的系统或新技术系统问题相联系的功能模型。

阿奇舒勒认为，每一个技术系统都可由许多功能不同的子系统所组成，因此，每一个系统都有它的子系统，而每个子系统都可以再进一步地细分，直至分子、原子、质子与电子等微观层次。无论大系统、子系统，还是微观层次，都具有功能，所有的功能都可分解为 1 种场和两种物质(见图 3-6)，F 代表场——在物—场模型中产生作用力的一种能量，S1 和 S2 代表物质，S1 表示的是工件，S2 表示的是工具。在物—场模型的定义中，物质是指某种物体或过程，既可以是整个系统，也可以是系统内的子系统或单个的物体，甚至可以是环境，这取决于实际情况。场是指完成某种功能所需的手法或手段，通常是一些能量形式，如磁场、重力场、电能、热能、化学能、机械能、声能、光能，等等。

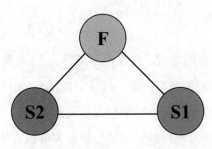

图 3-6 物—场模型

(七)发明问题的标准解法

标准解法是阿奇舒勒于 1985 年创立的，共有 76 个，分成 5 级，各级中解法的先后顺序也反映了技术系统必然的进化过程和进化方向，标准解法可以将标准问题在一两步中快速进行解决，标准解法是阿奇舒勒后期进行 TRIZ 理论研究的最重要的课题，同时也是 TRIZ 高级理论的精华。

标准解法亦是解决非标准问题的基础，非标准问题主要应用 ARIZ 来进行解决，而 ARIZ 的主要思路是将非标准问题通过各种方法进行变化，转化为标准问题，然后应用标准解法来获得解决方案。

(八)发明问题解决算法(ARIZ)

ARIZ 是发明问题解决过程中应遵循的理论方法和步骤，ARIZ 是基于技术系统进化法则的一套完整问题解决的程序，是针对非标准问题而提出的一套解决算法。ARIZ 的理论基础由以下 3 条原则构成。

(1) ARIZ 是确定和解决引起问题的技术矛盾。

(2) 问题解决者一旦采用了 ARIZ 来解决问题，其惯性思维因素必须被控制。

(3) ARIZ 也不断地获得广泛的、最新的知识基础的支持。

(九)科学效应和现象知识库

科学原理，尤其是科学效应和现象的应用，对发明问题的解决具有超乎想象的、强有力的帮助。应用科学效应和现象应遵循 5 个步骤，解决发明问题时会经常遇到需要实现的 30 种功能，这些功能的实现经常要用到 100 个科学有趣的现象。

三、TRIZ 法的应用

阿奇舒勒采用划分级别的方式，将发明创造分为五级(见图 3-7)，一般来说，采用传统的解决问题方法而得到的发明创造，往往只能达到第一级和第二级的水平，而利用 TRIZ 方法则可以帮助发明者将其发明创造提高到第三级和第四级的水平。

在利用 TRIZ 理论解决发明问题时，其一般过程可以分为以下几个步骤[①]。

步骤一：对给定问题的性质进行分析，如果发现问题存在冲突，则应用"原理"去解决；如果问题明确，但不知道该如何处理，则应用"效应"去解决；如果是对系统的进化过程进行分析，就应该用"预测"去解决。

步骤二：在解决具体问题时，针对问题确定一个技术矛盾后，要用该技术领域的一般术语来描述该技术矛盾，通过这些一般术语来选择通用技术参数，再由通用技术参数在矛盾矩阵中选择可用的发明原理。

步骤三：当某个发明原理被选定后，必须根据特定的问题将发明原理转化为一个特定的解。在对问题的处理结果进行评价后，如果发现新问题，则要求对问题继续进行分析，直到不再出现新问题。

步骤四：找出解决问题的最终方案。

拓展阅读

TRIZ 应用实例——飞机机翼的进化

早期的飞机机翼都是平直的。最初，飞机采用的是矩形机翼。这种机翼很容易制造，但其翼端较宽，会给飞机带来很大的飞行阻力，因而，也就严重地影响了飞机的

---

① 周苏. 创新思维与方法[M]. 北京：机械工业出版社，2016.

飞行速度。

后来，德国、英国和美国的喷气式飞机先后上天。飞机开始进入喷气机时代，其飞行速度迅速得到提高，接近音速。这时，机翼上出现"激波"，使机翼表面的空气压力发生变化。同时，飞机的前进阻力剧增，比低速飞行时大十几倍甚至几十倍，这就是所谓的"音障"。为了突破"音障"，许多国家都在研制新型机翼。后掠翼型机翼一举突破了"音障"。德国人首先发现，把机翼做成向后掠的形式，像燕子的翅膀一样，可以延迟"激波"的产生，缓和飞机接近音速时的不稳定现象。

但是新的问题又出现了。向后掠的机翼，相比不向后掠的平直机翼，在同样的条件下产生的升力要小。这不仅对飞机的起飞、着陆和巡航带来了不利的影响，而且浪费了很多宝贵的燃料。能否设计出一种既适应飞机的各种飞行速度又具有快慢兼顾特点的机翼呢？这成为当时航空界所面临的一大难题。

1. 问题描述

根据上述分析，系统存在的技术矛盾如下。

(1) 传统的固定翼不适合高速飞行。这是因为，在突破"音障"时，会产生非常大的阻力，容易导致飞机在空中解体，而且此时飞机消耗的能量也相应加大。

(2) 改进的三角翼不适合低速飞行。这是因为，当起飞、着陆及巡航时，在相同推力条件下，飞机产生的升力小。当然，飞机消耗的能量也相应地增加了。总之，矛盾集中体现在飞机的飞行速度与其在飞行时能量的消耗这两个工程参数之间。

2. 问题分析

要解决的这个问题涉及两个工程参数：No.19 运动对象所需要的能量和 No.9 速度。

根据这两个工程参数，从矛盾矩阵得到以下 4 条发明原理。

原理 8：重量补偿原理。

原理 15：动态特性原理。

原理 35：物理或化学参数改变原理。

原理 38：强氧化剂原理。

显然，重量补偿原理不适合用来解决这个问题。因为，战斗机要求机身轻便、灵活、机动。并且，加重机身还会使速度这个技术特性恶化。

可以使用强氧化剂原理，使燃料的燃烧更加充分，以使飞机获得更大的推力。但是战斗机上使用的是特制的、高热量的航空油，它们在涡轮喷气发动机中的燃烧已经比较充分了。因此，再使用强氧化剂原理来改善燃油的作用，就不是很明显了。

再来看看剩下的两个原理：原理15动态特性原理和原理35物理或化学参数改变原理。

按照这两条发明原理提供的方法，技术人员对机翼进行了改进，使其成为活动部件。并且，在飞机飞行时，飞行员可自由地控制机翼的形态，使之能够在比较大的范围内改变"后掠角"的大小，从而获得从平直翼到三角翼的变化。这就适应了飞机从低速到高速不同飞行状态下的要求。

以F111战斗机(见图3-7)为例，它在起飞阶段，处于低速飞行状态(见图3-8)。此时，机翼呈平直状，可以获得较大的升力，飞机表现出良好的低速特性。另外，由于避免了长距离滑行所浪费的能量，也有效地解决了飞机在低速状态下速度与能量消耗之间的矛盾。

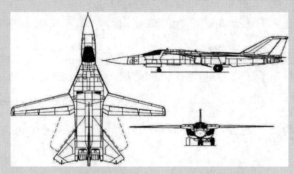

图3-7　美国通用动力于20世纪60年代开发制造的F111战斗轰炸机

图3-8　低速飞行状态

F111 在云层之上高速飞行时，两翼后掠以减小飞行阻力(见图 3-9)。这样，不仅减少了飞机的能耗，也延迟了"激波"的产生，从而缓和了飞机接近音速时的不稳定现象，使飞机能够安全地达到更高的速度。飞机在不同的速度之下，采用不同的后掠角，可以很好地适应不同的飞行要求。

图 3-9　高速飞行状态

3. 设计思路

综合考虑上面的几个发明原理，形成最终的解决方案为应用原理 15 动态特性原理和原理 35 物理或化学参数改变原理。

改变飞机的飞行形态，使飞机在不同的飞行状态下得到不同的气动外形，可以在很大程度上节约不必要的能耗。根据原理 35，并结合发明原理 15 给出的启示，技术人员将飞机的机翼设计成一个活动的部件(可变翼)。这是飞机设计观念上的一个大胆创新，它一举突破了传统的固定翼设计理念，在飞行器设计领域开辟了一块新天地。

反观传统的妥协设计思维方式，就只能在速度与能耗之间做取舍设计了。而采用矛盾矩阵给出的发明原理的启示，则避免了传统的妥协设计方式，从一个全新的角度更好地解决了速度与能耗这对技术矛盾。

TRIZ 理论与妥协设计的不同之处，在这里得到了充分的体现。这是 TRIZ 理论应用的一个经典例证。设计人员找到了满意的设计思路：能够在同一架飞机上得到平直翼和三角翼的优良的飞行特性，极大地节约了在起飞与着陆过程(平直翼在低速飞行中，可得到较大的升力，从而缩短跑道的长度，借此节约了能源)和高速飞行过程(三角翼在高速飞行中，可以轻易地突破"音障"，减轻机翼的受力，提高飞机在高速飞行时的强度，最终的结果也是降低了能量的消耗)中消耗的能量。

4. 最终方案

依据上述分析的结果，技术人员成功地设计出这种当时最新型的 F111 可变后掠翼战斗机。这是世界上第一架采用可变后掠翼思想设计的飞机，开创了新一代超音速战斗机的新纪元。此后设计出的一系列战斗机，如英国、德国和意大利 3 国联合成立的帕那维亚飞机公司的狂风超音速战斗机等，都采用了这种全新的设计思想。

新的设计方案虽然抛弃了传统的固定翼设计概念，但仍保留了平直机翼升力大的优点。而在高速飞行时，它的两翼又尽量后掠，变得像三角翼一样，又能轻而易举地突破"音障"，从而有效地弥补了飞机迎风面积大的不足，实现了节能降耗及提高飞行速度的期望，最终实现了提高其战斗力的根本目的。

(资料来源：周苏. 创新思维与方法[M]. 北京：机械工业出版社，2016.)

本章回顾

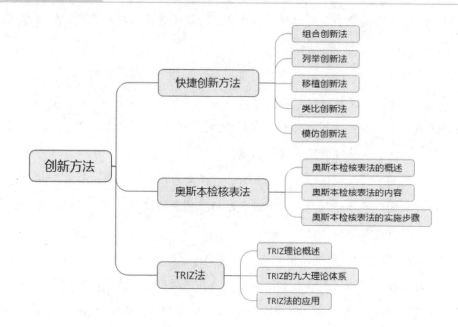

思考与练习

1. 举例说明生活中运用创新方法的事例。

2. 选取某一事物，运用快捷创新法中的一种方法，进行创新设计。

3. 运用奥斯本检核表法对生活中常见物品(如 U 盘、鼠标、学生卡、背包等)进行检核创新。

第四章

创新思维工具

内容提要

　　人类发展的进程可谓是一部工具发展史，合适的工具能极大地提高人们做事的效率。思维同样可以工具化，掌握思维工具，不仅可以解决问题、提高效率，还能更准确地做出决策和定论。本章主要介绍思维导图、鱼骨图、5W2H 分析法、六顶思考帽四种创新思维工具，通过运用思维工具，引导学生学会思考，学会学习，从而持续提升学生的创新思维能力，实现学习效能的倍增。

名人名言

　　如果学习是一次作战，那么记忆术就相当于士兵手中的先进武器，而思维导图就是军事指挥官卓越的战略思想。

——托尼·博赞

📱 案例导入

波音公司与思维导图

美国波音公司在设计波音 747 飞机的时候就使用了思维导图。据波音公司的内部人员讲，如果使用普通的方法，设计波音 747 这样一个大型的项目要花费 6 年的时间。但是，通过使用思维导图，他们的工程师只使用了 6 个月的时间就完成了波音 747 的设计，并且节省了 1000 万美元。思维导图的威力惊人吧?！

随着信息化技术的快速发展，知识传播突破了时空的限制，信息传递的速度更快、范围更广。传统的学习方式及对知识的管理模式极大地阻碍了我们对知识获取与管理的效率，有效提高信息加工及信息传递的效能，寻找一种高效的方法或工具去组织管理和驾驭知识就显得至关重要。亨利·亚当斯提出，"知道如何去学习比掌握知识更重要"[1]。

思维工具也被称为认知工具，是指那些能有效影响思维抽象活动、提高思维效能、延伸思维深度，能把抽象思维过程具体可视化的一类方法技能的总称。常见的思维工具有思维导图，SWOT 矩阵，5W2H 分析法，九宫图，鱼骨图，概念图，流程图，六顶思考帽等。

（资料来源：ttps://wenku.baidu.com/view/565f178a17fc700abb68a98271fe910ef12daebf.html）

思维工具借助于一定的步骤和程序的训练，帮助人们有效开发智能，提高思维的广度、深度、准确度与清晰度，在必要时打破已有模式形成新模式。思维工具分为思维可视化工具和思维策略工具，前者主要指各种思维图示，如思维导图、流程图等，后者则是指拓展人们分析问题的角度、帮助人们生成想法和创意的思维策略方法，如5W2H 分析法。思维可视化工具可以将学习和思维的过程通过图示技术进行视觉表征，但没有解决"按照什么逻辑去表征"的问题，思维策略工具则是思维可视化工具的良好补充，两者相互结合能发挥更大的作用[2]。本章节将介绍思维导图、鱼骨图、5W2H 分析法及六顶思考帽四种实用的思维工具。

---

① Buzan T. 思维导图：放射性思维 [M]. 李斯，译. 北京：作家出版社，1998.
② 赵国庆. 概念图、思维导图教学应用若干重要问题的探讨[J]. 电化教育研究，2012(5).

第一节 思维导图

思维导图是英国学者托尼·博赞在 20 世纪 70 年代提出的一种可视化的思维方式。它以放射性思考为基础，是一种简单、高效的思维工具，被誉为"21 世纪全球思维工具"。美国《时代》周刊曾评价托尼·博赞"对头脑的贡献就像霍金对宇宙的贡献那么大"。

一、思维导图的定义

思维导图又叫心智图，是表达发散性思维的有效图形工具，它简单却又极其有效，是一种革命性的思维工具。思维导图运用图文并重的技巧，把各级主题的关系用相互隶属与相关的层级图表现出来，将主题关键词与图像、颜色等建立记忆链接，充分运用左右脑的机能，利用记忆、阅读、思维的规律，协助人们在科学与艺术、逻辑与想象之间平衡发展，从而开启人类大脑的无限潜能。思维导图示例如图 4-1 所示。

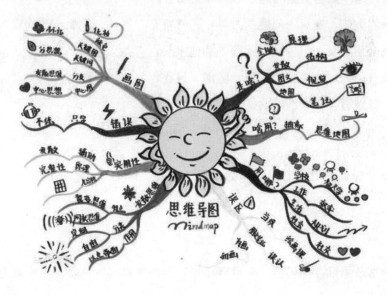

图 4-1 思维导图示例

思维导图是一种强有力的图形技术，充分利用了大脑皮层的所有功能，其有四个基本特点，如图 4-2 所示。

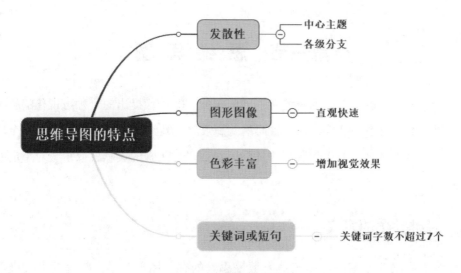

图 4-2　思维导图的特点

1. 发散性

发散性，形式上指的是中心主题在画面正中间，后面各级分支主题围绕中心主题向四周发散。这一点与大脑的思维方式非常吻合。

一般人的大脑，在思考问题的时候，通常都是发散的。比如，我们看到苹果，有些人马上就会想到梨子、香蕉、葡萄等其他水果，有些人会想到苹果汁、苹果派等吃的方式，还有的人可能会想到红色、圆形、好香、好甜等，这些都是发散性的。而这种发散性，特别适合用思维导图来表达。

2. 图形图像

思维导图提倡用更多的图形图像来表达内容，因为直观、快速，而且包含更多内容。

3. 色彩丰富

色彩丰富是思维导图的另一个重要特点，因为大脑喜欢色彩，色彩有更加丰富的视觉效果。

4. 关键词或短句

思维导图一般用关键词，通常字数不超过 7 个，太多了，不容易记。

二、思维导图的类型

目前，比较流行的有两种思维导图，即随机联想发散式思维导图和学科式思维导图(见图 4-3)。前者是基于大脑的自由联想机制，随机发散思考，即"想到什么画什么"，主要用于头脑风暴或创意设计；后者是基于大脑的分层分类机制，结构化发散思考及逻辑思考，主要用于学科知识体系建构，包括知识归纳，分析问题，拓展思维，发展系统思考能力等。

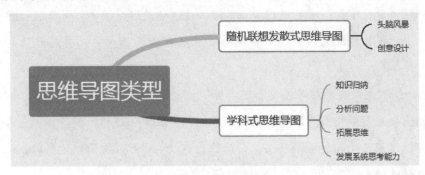

图 4-3　思维导图的类型

学科式思维导图的绘制过程既是"知识加工过程"，又是"思维训练过程"，在这个过程中，知识点由隐到明，由零散到系统，形成清晰的"知识网络"，同时，各种思维能力(概念区分、逻辑关系梳理等)能得到有效训练，从根本上提高了学习效率。学科式思维导图包括三种类型，各类型及其应用如下(见图 4-4)。

(1) 归纳型学科思维导图——将知识结构化，用于理解性记忆。

(2) 分析型学科思维导图——梳理结构、线索，用于阅读和解题。

(3) 创作型学科思维导图——有层次的发散思考，用于写作或创意。

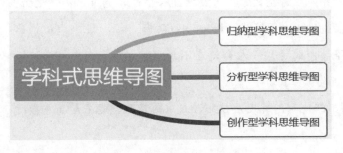

图 4-4　学科式思维导图

拓展阅读

思维导图的作用与优势

运用思维导图带来的学习能力和清晰的思维方式能改善人的诸多行为表现。

(1) 成倍提高你的学习速度和效率，更快地学习新知识与复习整合旧知识。

(2) 激发你的联想与创意，将各种零散的智慧、资源等融会贯通成为一个系统。

(3) 让你形成系统地学习和思维的习惯，并将使你能够达到众多你想达到的目标，包括快速地记笔记，顺利通过考试，轻松地表达沟通、演讲、写作、管理等。

(4) 让你具有超人的学习能力，向你喜欢的优秀人物学习，并超越你的偶像和对手。

(5) 让你尽快掌握思维导图这个能打开大脑潜能的强有力的图解工具。它能同时让你运用大脑皮层的所有智能，包括词汇、图像、数字、逻辑、韵律、颜色和空间感知。它可以运用于生活的各个层面，帮助你更有效地学习，更清晰地思考，让你的大脑得到最佳表现。

与传统的学习记忆方法相比，思维导图具有较大的优势。

(1) 只记忆相关的词可以节省时间 50%～95%。

(2) 只读相关的词可以节省时间 90%以上。

(3) 复习思维导图笔记可节省时间 90%以上。

(4) 不必在不需要的词汇中寻找关键词可节省时间 90%。

(5) 集中精力于真正的问题。

(6) 重要关键词更为显眼。

(7) 关键词并列在时空之中，可灵活组合，改善创造力和记忆力。

(8) 易于在关键词之间产生清晰合适的联想。

(9) 做思维导图的时候，人会处在不断有新发现和新关系的边缘，鼓励思想不间断和无穷尽地流动。

(10) 大脑不断地利用其皮层技巧，起来越清醒，越来越愿意接受新事物。

三、思维导图的绘制

(一)思维导图的绘制规则

俗话说，"没有规矩，不成方圆"，这意味着我们在做事的时候一定要遵循一定的规则，这样做起事情来才会事半功倍，更加有效率，也更加有效果。遵循思维导图的规则符合大脑的思维模式和学习模式，有助于提高我们的学习和工作效率。因此，对于思维导图的学习，从开始就应该严格按照思维导图的基本规则来画图。

绘制思维导图，需要遵循以下规则。

1. 在纸的正中央用一个彩色图像或符号开始画思维导图

在正中央开始画是因为它能反映出大脑思考程序的多钩状特性，从核心向四周发散思维可以由此获得更多的空间和自由。使用图像和色彩更有利于提升我们的记忆力和创造力。

2. 把写有主题的连线与中央图像连在一起

主题被连起来是因为大脑是通过联想来工作的，如果线条附着于主题，就会在大脑内部产生类似于"附着"的思想。靠近中央图像的线条要粗一些，字号大一些，以此反映出这些主题的重要性。

3. 线与线相连

思维导图这种连接的结构反映了大脑中的联想本性。如果连线断裂，思维、记忆和创造也会产生断层。

4. 用印刷体字

写印刷体字虽然会多花一些时间，但是这种"精确而持久的反馈"和相当清楚的印刷体文字会带来非常多的好处，更便于识别和回忆。

5. 将印刷体字写在线条上

把印刷体字写在线条上，这样建立起了思维导图基本结构的关系和联想。

6. 每条线上只有一个关键词

每个关键词都可以触发无限的联想。把关键词单独放在线上，让大脑从这个词开始，更加自由地扩展出去。

7. 在整个导图中都要使用色彩

色彩是各种思想的最主要的刺激物，尤其是在增加创造力和记忆力方面。色彩也有美感，这在画思维导图时会增加大脑的愉悦感，提高我们回顾、复习和使用思维导图的兴趣。

8. 在整个思维导图中都要使用图像

正如达·芬奇所说要有适当的大脑训练。运用图像可以把记忆力提高到近乎完美的程度，让创造性思考的效率提高 10 倍，增强我们解决问题、交流和感知的能力等。

9. 在整个思维导图中使用代码和符号

运用各种形状(如有色彩和箭头的个性化代码)为思维导图添加第四维度。这会加强我们的分析、构造、说明、组织和推理能力。

(二)思维导图的绘制步骤

本书采用托尼·博赞的绘制思维导图的 7 个步骤，具体如下。

步骤一：从一张白纸的中心画图，周围留出足够的空白。从中心开始画图，可以使你的思维向各个方向自由发散，能更自由、更自然地表达你的思想。

步骤二：在白纸的中心用一幅图像或图画表达你的中心思想。因为一幅图画可以抵得上 1000 个词汇或者更多，图像不仅能刺激你的创意性思维，帮助你运用想象力，还能强化你的记忆。

步骤三：尽可能多地使用各种颜色。因为颜色和图像一样能让你的大脑兴奋。颜色能够给你的思维导图增添跳跃感和生命力，为你的创造性思维增添巨大的能量。此外，自由地使用颜色绘画本身也非常有趣！

步骤四：将中心图像和一级分支连接起来，然后把一级分支和二级分支连接起来，再把三级分支和二级分支连接起来，以此类推。

我们的大脑是通过联想来思维的。如果把分支连接起来，你会更容易地理解和记住许多东西。把主要分支连接起来，同时创建了你思维的基本结构。

其实，这和自然界中大树的形状极为相似。树枝从主干生出，向四面八方发散(见图4-5)。假如大树的主干和主要分支或主要分支和更小的分支，以及分支末梢之间有断裂，那么它就会出现问题！

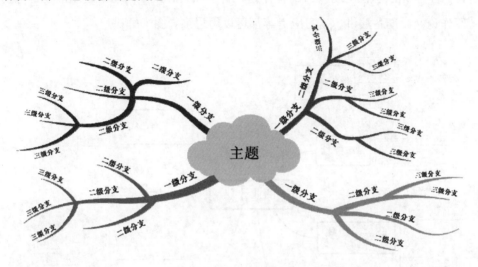

图 4-5　思维导图分支

步骤五：让思维导图的分支自然弯曲，不要画成一条直线。曲线永远是美的，你的大脑会对直线感到厌烦。美丽的曲线和分支，就像大树的枝杈一样更能吸引你的眼球。

步骤六：在每条线上使用一个关键词。所谓关键词，是表达核心意思的字或词，可以是名词或动词。关键词应该是具体的、有意义的，这样才有助于回忆。

单个的词语使思维导图更具有力量和灵活性。每个关键词就像大树的主要枝杈，然后繁殖出更多与它自己相关的、互相联系的一系列次级枝杈。

当你使用单个关键词时，每一个词都更加自由，因此也更有助于新想法的产生。而短语和句子却容易扼制这种火花。

步骤七：自始至终使用图形。思维导图上的每一个图形，就像中心图形一样，可以胜过千言万语。因此，如果你在思维导图上画出了 10 个图形，那么就相当于记了数万字的笔记！

四、思维导图的应用

思维导图自诞生以来，被广泛地应用于学习、工作、生活的各个方面(见图 4-6)，它成功地帮助全世界 2.5 亿人改变了生活，大大节省了所需耗费的时间，对于绩效的提升，产生了无法忽视的功效。制订计划、管理项目、人际沟通、组织活动、分析问题、写作论文、准备演讲、复习应考等都可以用思维导图来解决。

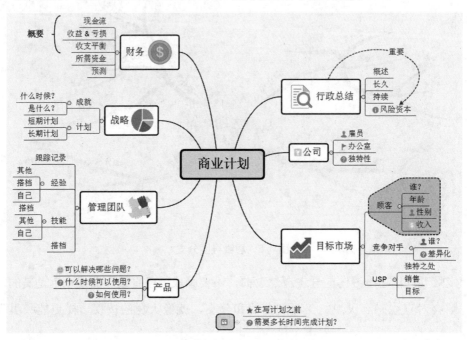

图 4-6　思维导图在商业计划中的应用

作为个人：计划，项目管理，沟通，组织，分析解决问题等。

作为学习者：记忆，笔记，写报告，写论文，作演讲，考试，思考，集中注意力等。

作为职业人士：计划，沟通，项目管理，组织，会议，培训，谈判，面试，评估，头脑风暴等。

所有这些应用都可以极大地提高效率、增强思考的有效性和准确性、提升乐趣等。思维导图在英国、美国、澳大利亚、新加坡等国家的教育领域也有广泛应用，在提高教学绩效方面成效显著。

此外，越来越多像苹果、谷歌、腾讯这样的大型企业开始把思维导图作为提升员工系统思维、创新思维，以及辅导其产出创意的必备工具之一。很多国际性组织、全球顶尖大学及政府，包括微软、波音、花旗银行、迪士尼、麦当劳等在内的前 500 强大企业，都因为使用思维导图而获益良多。其中一个著名的例子是美国波音公司使用思维导图制作飞机维修工作手册(见图 4-7)，原本需要 1 年才可以消化的数据只用了短短的几周。

图 4-7　波音公司的思维导图

拓展阅读

　　为适应社会快速发展的需要，思维导图的绘制方法也呈现出多样化的形态。早期的思维导图，皆需要使用笔和画纸进行绘制；由于该方式的效率极其低，便出现了更多更高效的绘制方式。例如，当下流行的计算机思维导图，主要是通过计算机软件来协助绘图，具代表性的计算机绘制软件有 MindManager、XMind、FreeMind 及 MindMapper 等，结合大脑的思维过程，进行可视化的展示，就是思维导图形成的过程(见图 4-8)。

　　本书以安装 MindManager 为例，要前往中文官网下载并安装，只需 3 分钟即可完成。MindManager 支持 Windows、Mac 及 Linux 的操作系统，对电脑配置要求不高，运行稳定流畅。安装完成后，即可打开软件开启思维导图绘图模式。其基础绘图步骤如下。

　　运行软件之后，新建一个思维导图。也可以选择合适的思维导图作为模板进行创建(见图 4-9)。

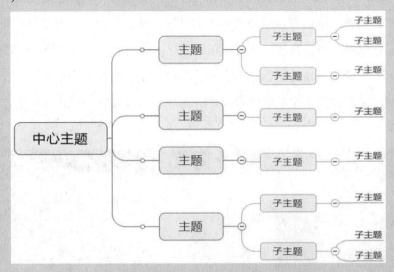

图 4-8　MindManager 绘制思维导图示意

图 4-9　MindManager 操作步骤一

步骤一：新建主题。

步骤二：编辑思维导图。

思维导图的内容主要分为两个部分，一部分是文字，另一部分是排版。首先要完善思维导图内容，通过键盘，可以轻松地创建出简单的导图内容；其次需要对思

维导图进行排版，该步骤也是对思维导图进行美化的过程。在 Mindanager 思维导图
软件中，内置丰富的编辑功能，使用者可以对导图的字体、线条、背景做自定义设置
(见图 4-10)。

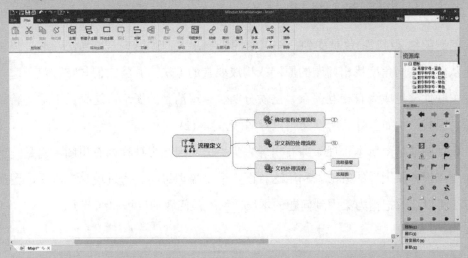

图 4-10 MindManager 操作步骤二

步骤三：保存或另存为。

绘制完成的思维导图作品，支持保存为 pdf、jpg、word、ppt、html 等多种格式
(见图 4-11)。

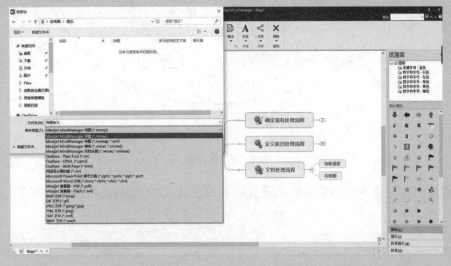

图 4-11 MindManager 操作步骤三

第二节 鱼 骨 图

一、鱼骨图的定义

问题的结果(特性)总是受到一些因素的影响,人们运用头脑风暴法,通过集思广益,从各种不同角度找出问题的原因或构成要素的方法,并将它们与特性值一起,按相互关联性整理成为有相互关系且层次分明、条理清楚的图形,这个图形称为特性要素图。因其形状如鱼骨,所以又叫鱼骨图(见图 4-12)。

鱼骨图最早由日本管理大师石川馨先生提出,因此也被称为石川图,它是一种发现问题"根本原因"的方法。利用这种图形便于梳理思路、透过现象看本质,图形化的方法可以让人把精力集中到问题的本质,而不是问题的过程和细节上。

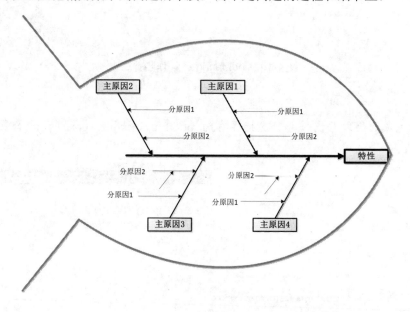

图 4-12 鱼骨图

鱼骨图被广泛用于制造业的质量控制和质量管理中[①]。与流程图、检查表、直方

---

① D.N. Tran,L.A. Bero. Barriers and Facilitators to the Quality Use of Essential Medicines for Maternal Health in Low-resource Countries:An Ishikawa Framework[J]. *Journal of Global Health*,2015,5(1):93~101.

图、散点图、帕累托分析/排列图和控制图并称为质量管理的七种基础工具。起初，石川馨提出鱼骨图是用于描述特征(某一生产过程的结果)之间的关系，以及考虑技术因素对生产过程造成影响的原因，利用鱼骨图描绘出所分析的过程中所有的因果关系[①]。其后，由于适用于探索所需分析的某一过程、特征或问题的根本原因，鱼骨图在生产制造领域的全面质量管理中受到推广和应用。

二、鱼骨图的类型

鱼骨图有三种类型。

(1) 整理问题型鱼骨图。该类型鱼骨图各要素与特性值之间不存在因果关系，而是结构构成关系，即用图形的方式来整理问题的结构。这里的结构指的是对象的层级，如同书的目录、网站的结构图等。鱼头为结果，鱼骨上的节点为此结果的结构项。以"教师培训"为特性值，列出部分功能结构(见图4-13)。

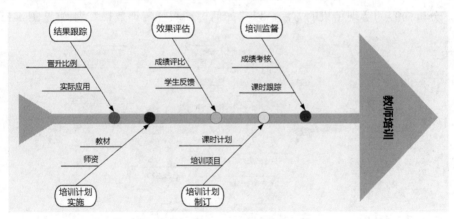

图4-13 整理问题型鱼骨图

(2) 原因型鱼骨图。该类型鱼骨图用来分析构成问题的原因，鱼头代表结果，特性值一般用"为什么……"开头，如"为什么大学生就业难"，这种类型的鱼骨图是通过已知结果来分析形成此结果的原因，经过头脑风暴找出答案。原因型鱼骨图鱼头一般在右侧，原因在左侧。以"为什么大学生就业难"为例(见图4-14)。

---

① K. Ishikawa. *Introduction to quality control*[M]. 3rd ed. Tokyo: JUSE Press Ltd., 1990.

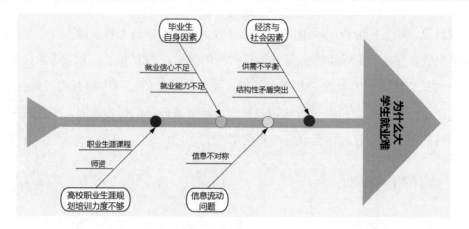

图 4-14　原因型鱼骨图

(3) 对策型鱼骨图。该类型鱼骨图用来寻找问题的对策，特性值通常以"如何提高/改善……"开头。例如，"如何提高教师培训效果""如何才能上好一节课""如何写好教案"，等等。对策型鱼骨图鱼头一般在左侧，对策在右侧。鱼头为问题结果，分析内容为实现结果的方法。以"如何提高教师培训效果"为例(见图 4-15)。

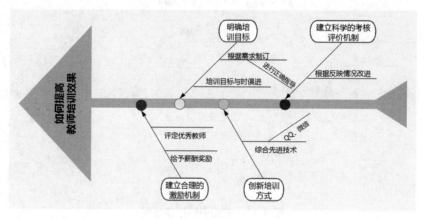

图 4-15　对策型鱼骨图

三、鱼骨图的制作与使用

(一)鱼骨图的制作

制作鱼骨图分为两大步骤，即分析问题原因或结构、绘制鱼骨图。

1. 分析问题原因或结构

(1) 针对问题点，选择层别方法(如 5M 因素：人、机、料、法、环[①]等)。

(2) 按头脑风暴分别对各层别类别找出所有可能原因(因素)。

(3) 将找出的各要素进行归类、整理，明确其从属关系。

(4) 分析选取重要因素。

(5) 检查各要素的描述方法，确保语法简明、意思明确。

分析要点如下。

a. 确定大要因(大骨)时，现场作业一般从"人机料法环"着手，管理类问题一般从"人事时地物"层别，应视具体情况而定。

b. 大要因必须用中性词描述(不说明好坏)，中、小要因必须使用价值判断(如……不良)。

c. 脑力激荡时，应尽可能多而全地找出所有可能原因，而不限于自己能完全掌控或正在执行的内容。对人的原因，宜从行动而非思想态度面着手分析。

d. 中要因跟特性值、小要因跟中要因间有直接的原因—问题关系，小要因应分析至可以直接下对策。

e. 如果某种原因可同时归属于两种或两种以上因素，请以关联性最强者为准(必要时考虑三现主义，即现时到现场看现物，通过相对条件的比较，找出相关性最强的要因归类)。

f. 选取重要原因时，不要超过 7 项，且应标示在最末端。

2. 绘制鱼骨图

第一，绘制鱼头(见图 4-16)。鱼头部分用来表示你所要分析的问题。例如，在问题框中可以填写"培训满意度低"，分析培训满意度低的原因。鱼头既可以自己制作，也可以从网上下载。

---

① 5M 因素包括人(Man)、机(Machine)、料(Material)、法(Method)、环(Environment)5 个方面。人指的是造成问题产生人为的因素有哪些；机指软硬件条件对于事件的影响；料即材料，指基础的准备及物料；法即方法，指与事件相关的方式与方法是否正确有效；环即环境，指的是内外部环境因素的影响。

图 4-16 绘制鱼骨图 1

　　第二，画出主骨(见图 4-17)。主骨是指向问题的一个水平箭头，一般选择粗线来绘制。

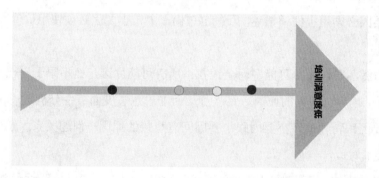

图 4-17 绘制鱼骨图 2

　　第三，绘制大骨(见图 4-18)。大骨与主骨保持 60°的夹角。

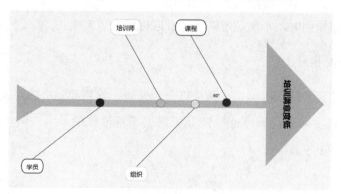

图 4-18 绘制鱼骨图 3

　　第四，绘制中骨(见图 4-19)。中骨是指向大骨的箭头，其方向与主骨保持水平。

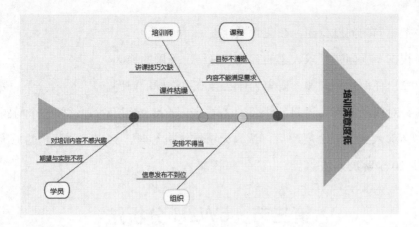

图 4-19 绘制鱼骨图 4

第五，绘制小骨(见图 4-20)。小骨是指向中骨的箭头，其方向与中骨保持 60°的夹角。小骨用来表示更深层次的原因。例如，信息发布不到位，可能是宣传不够或其他原因。这些原因要通过文字标示在小骨上。需要说明的一点是，问题的原因分析拆解到小骨上有时还不够，你可以继续在小骨上绘制"小小骨"或"小小小骨"。

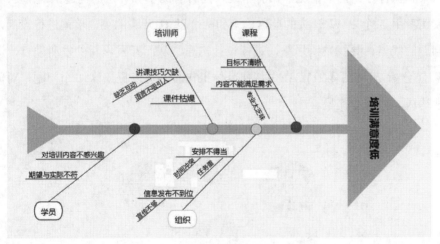

图 4-20 绘制鱼骨图 5

(二)鱼骨图的使用

(1) 提出要解决的问题。

(2) 把问题写在鱼骨的头上。

(3) 召集同事共同讨论问题出现的可能原因，尽可能多地找出原因。

(4) 把相同的问题分组，在鱼骨上标出。

(5) 根据不同问题征求大家的意见，总结出正确的原因。

(6) 拿出任何一个问题，研究为什么会产生这样的问题。

(7) 针对问题的答案再问为什么，这样至少深入 5 个层次(连续问 5 个问题)。

(8) 当深入到第五个层次后，认为无法继续进行时，列出这些问题的原因，而后列出至少 20 个解决方法。

第三节　5W2H 分析法

一、5W2H 分析法的定义

5W2H 分析法又叫七何分析法，是"二战"中美国陆军兵器修理部首创。该方法简单、方便，易于理解、使用，富有启发意义，被广泛应用于企业管理和技术活动，对于决策和执行性的活动措施非常有帮助，同时有助于弥补考虑问题的疏漏。

发明者用 5 个以 W 开头的英语单词和两个以 H 开头的英语单词进行设问，发现解决问题的线索，寻找发明思路，进行设计构思，从而开发出新的发明项目，这就叫作 5W2H 分析法(见图 4-21)。在做任何具体工作时都可以提出这 7 个问题，对问题的解答即构成一种思维模型。

图 4-21　5W2H 分析法

提出疑问、发现问题和解决问题是极其重要的。创造力高的人，都具有善于提问题的能力。众所周知，提出一个好的问题，就意味着问题解决了一半。提问题的技巧高，可以发挥人的想象力。相反地，有些问题提出来，反而会挫伤我们的想象力。

发明者在设计新产品时，常常提出：为何(Why)；何事(What)；何人(Who)；何时(When)；何地(Where)；如何做(How)；何价(How much)。这就构成了 5W2H 分析法的总框架。还可以在此基础上提出一系列的问题，形成各升级版 5W2H(见表 4-1)。如果问题中常有"假如……""如果……""是否……"这样的虚构，就是一种设问，设问需要更高的想象力。

表 4-1　5W2H 28 问升级版

5W2H 28 问	第一层次	第二层次	第三层次	第四层次	结　论
Who	是谁	为什么是他/她	有更合适的人吗	为什么是更合适的人	定人
When	什么时候	为什么在这个时候	有更合适的时间吗	为什么是更合适的时间	定时
Where	什么地点	为什么在这个地点	有更合适的地点吗	为什么是更合适的地点	定位
Why	什么原因	为什么是这个原因	有更合适的原因吗	为什么是更合适的原因	定原因
What	什么事情	为什么做这个事情	有更合适的事情吗	为什么是更合适的事情	定事
How	如何去做	为什么采用这个方法	有更合适的方法吗	为什么是更合适的方法	定方法
How much	花费多少	为什么要这些花费	有更合适的花费吗	为什么是更合适的花费	定花费

在发明设计中，对问题不敏感，看不出毛病是与平时不善于提问有密切关系的。对一个问题刨根问底，有可能发现新的知识和新的疑问。所以从根本上说，学会发明首先要学会提问，善于提问。

阻碍提问的因素，一是怕提问多，被别人看成什么也不懂的傻瓜，二是随着年龄和知识的增长，提问欲望渐渐淡薄。如果提问得不到答复和鼓励，反而遭人讥讽，结果在人的潜意识中就形成了这种看法：好提问、好挑毛病的人是扰乱别人的讨厌鬼，最好紧闭嘴唇，不看、不闻、不问，但是这恰恰阻碍了人的创造性的发挥。

拓展阅读

《麦肯锡传奇》中有这么一段描述："企业倒闭最常见的原因不是因为对正确的问题提出了错误的答案，而是因为对错误的问题提出了正确的答案。我见过太多的企业一次次做出看似最佳但却是建立在错误假设之上的决策，结果一点一点地把自己逼进了死路……麦肯锡要帮助客户免遭倒闭的厄运，就必须要找准问题……"可见找准问题点是避免决策误入歧途的不二法门。

（资料来源：https://www.sohu.com/a/365180944_99943173）

二、5W2H 分析法的优势

(1) 可以准确界定、清晰表述问题，提高工作效率。

(2) 有效掌控事件的本质，完全地抓住了事件的主骨架，把事件打回原形思考。

(3) 简单、方便，易于理解、使用，富有启发意义。

(4) 有助于思路的条理化，杜绝盲目性。有助于全面思考问题，从而避免在流程设计中遗漏项目。

三、5W2H 分析法的应用程序

以检查原产品的合理性为例，说明 5W2H 分析法的应用程序。

(一)检查原产品或原方案的合理性

1. 为何(Why)

为什么采用这个营销方案？为什么不能用其他的方案？为什么要做这个活动？为什么要做成这个形状？为什么采用机器代替人力？为什么我要做，为什么不能外包？为什么非做不可？

2. 何事(What)

条件是什么？哪一部分工作要做？目的是什么？重点是什么？与什么有关系？功

能是什么？规范是什么？工作对象是什么？

3. 何人(Who)

谁来办最方便？谁会生产？谁可以办？谁是顾客？谁被忽略了？谁是决策人？谁会受益？

4. 何时(When)

何时要完成？何时安装？何时销售？何时是最佳营业时间？何时工作人员容易疲劳？何时产量最高？何时完成最为适宜？需要几天才算合理？

5. 何地(Where)

何地最适宜某物生长？何处生产最经济？从何处买？还有什么地方可以做销售点？安装在什么地方最合适？何地有资源？

6. 如何做(How)

怎样做省力？怎样做最快？怎样做效率最高？怎样改进？怎样得到？怎样避免失败？怎样求发展？怎样增加销路？怎样提升效率？怎样才能使产品更加美观大方？怎样使产品用起来方便？

7. 何价(How much)

功能指标达到多少？销售多少？成本多少？输出功率多少？效率多高？尺寸多少？重量多少？

(二)找出主要优缺点

如果现行的做法或产品经过 7 个问题的审核已无懈可击，便可认为这一做法或产品可取。如果 7 个问题中有一个答复不能令人满意，则表示这方面还有改进余地。如果哪方面的答复有独创的优点，则可以扩大产品这方面的效用。

(三)决定设计新产品

克服原产品的缺点，扩大原产品独特优点的效用。

5W2H 分析法是一种调查研究和思考问题的方法，它可以让你熟悉有系统的质问技巧，以协助你发掘问题的真正根源所在并可能创造改善途径。以后做任何工作和事都可以采用 5W2H 分析法来思考问题和解决问题，这样能有助于我们的思路清晰且有条理，并可以杜绝盲目地做事从而提高工作效率。在工作汇报上也可以使用该方法，既能节约写报告的时间又能减少看报告的时间。

 ## 拓展阅读

5W2H 分析法案例

5W2H 分析法简单易学、使用方便，不仅能提高一个人的逻辑思维能力，而且被广泛应用于企业营销、管理活动，同时适用于指导建立数据分析框架。下面我们用 5W2H 分析法构建一个市场拓展规划的分析框架。

(1) What(何事)：分析市场拓展的目的，公司长期规划的目标等。

(2) Why(为何)：为什么要进行市场扩展？寻找起因，找到问题的症结，有的放矢。

(3) When(何时)：市场开发的时间安排，调研时间和开店时间等具体时间节点安排等。

(4) Where(何地)：选择哪些城市作为切入点，店面开在什么样的区域，面对哪里的客源等。

(5) Who(何人)：确定负责人、执行者和具体管理人员；对客户进行分类，等等。

(6) How(如何做)：思考具体步骤，不同城市有怎样的店面要求，对不同的市场采取什么样的营销方法，等等。

(7) How much(何价)：开发市场的数量，调研、选址及装修的投入，促销和营销的投入，短期回报等问题。

以上是运用 5W2H 分析法确定的市场拓展分析框架，然后再根据所提出的问题进行量化分析。其中的一些细节可以再次使用 5W2H 分析法进行分析，直到每个问题和细节都明确了。

(资料来源：https://www.wenjuan.com/s/nQ3u6j/)

第四节　六顶思考帽

平行思维是管理人们思维本身的一种方法。它将人们的思维从不同侧面和角度进行分解，分别进行考虑，而不是同时考虑很多因素，即同一个时间从一个角度和侧面进行思考。

六顶思考帽是英国学者爱德华·德·波诺(Edward de Bono)博士开发的一种思维训练模式，或者说是一个全面思考问题的模型。它提供了"平行思维"的工具，避免将时间浪费在互相争执上。它强调的是"能够成为什么"，而非"本身是什么"，是寻求一条向前发展的路，而不是争论谁对谁错。运用六顶思考帽，将会使混乱的思考变得更清晰，使团体中无意义的争论变成集思广益的创造，使每个人变得富有创造性。

一、六顶思考帽的定义

六顶思考帽是用 6 种不同颜色的帽子代表 6 种不同的思维模式(见图 4-22)。每个颜色的帽子所代表的思考方向如下。

(1) 白色思考帽。白色是中立而客观的，戴上白色思考帽，人们关注的是客观的事实和数据。

白色思考帽通常是用在思考过程的开始阶段，以便提供一个思考的背景。白色思考帽很重要的一点是对人们缺乏和需要的信息进行描述。它阐明人们应该询问哪些问题，提供为获取信息所必要的手段。

(2) 绿色思考帽。绿色代表茵茵芳草，象征勃勃生机。绿色思考帽寓意创造力和想象力，它具有创造性思考、头脑风暴、求异思维等功能。

绿色思考帽促使人们提出新想法。在绿色思考帽下，人们可以排列出各种可能的选择，包括原有和新产生的选择。

(3) 黄色思考帽。黄色代表价值与肯定。戴上黄色思考帽，人们从正面考虑问题，表达乐观的、满怀希望的、建设性的观点。

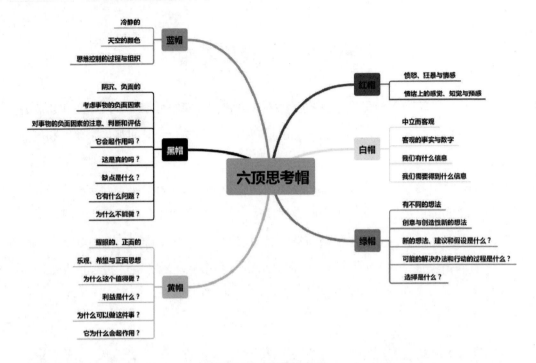

图 4-22　六项思考帽

　　黄色思考帽是让我们专注于事物积极的一面。它让人们努力去寻找任何一个建议可能带来的利益。黄色思考帽的重点在于探寻事物的价值和利益，寻求类似于安全、稳定的乐观期望，然后再努力地寻找合理的证明。

　　(4) 黑色思考帽。戴上黑色思考帽，人们可以运用否定、怀疑、质疑的看法，合乎逻辑地进行批判，尽情发表负面的意见，找出逻辑上的错误。

　　黑色思考帽强调的是谨慎，在思考阶段，我们需要考虑风险、障碍、潜在的问题，以及任何一项建议的负面因素。不经过谨慎思考就贸然行动是很危险的。戴上黑色思考帽，我们可以指出哪里错了，哪里不合适等。它可以防止我们浪费金钱与精力，也可以阻止我们去做不合法、危险的事情。

　　(5) 红色思考帽。红色是情感、心情的色彩。戴上红色思考帽，人们可以表现自己的情绪，还可以表达直觉、感受、预感等方面的看法。

　　通常在正式的会议上，人们的情绪和情感都无法直接地表达，而红色思考帽就为这种无法直接表达的情感、情绪、直觉、观点等提供了专门的表达通道。戴上红色思考帽，各种感觉都可以表达，而不需要对自己的感觉做任何解释与修正。

红色思考帽作为一种情绪化的表达模式，不仅使自己的情绪得到了适时的表达，还体现了对别人的礼貌和尊重。

(6) 蓝色思考帽。蓝色思考帽负责控制和调节思维过程。它负责控制各种思考帽的使用顺序，规划和管理整个思考过程，并负责得出结论。

一个乐队需要一个指挥才能演绎出完美的乐章。蓝色思考帽就像乐队指挥，指挥或控制着讨论的过程和方向。

蓝色思考帽监督思考的全过程，并确保游戏规则有序地进行。每个人必须在蓝色思考帽的指挥下，按照规则组织发言。蓝色思考帽可以偶尔打断思考的过程，要求使用某一顶帽子，同时，要负责给出最后的概要和结论。

二、六顶思考帽的作用

六顶思考帽既是平行思维工具，也是人际沟通的操作框架，更是提高团队智商的有效方法。

该思维工具强调了一个非常简单的概念，就是只允许思考者在同一时间内只能做一件事情。因此，思考者要学会将逻辑与情感、创造与信息等区分开来。

六顶思考帽是一个操作简单、经过反复验证的思维工具，给人以热情、勇气和创造力，让每一次会议、每一次讨论、每一份报告、每一个决策都充满新意和生命力。这个工具能够从以下几方面帮助人们。

(1) 提出建设性的观点。

(2) 聆听别人的观点。

(3) 从不同角度思考同一个问题，从而创造高效能的解决方案。

(4) 用"平行思维"取代批判式思维和垂直思维。

(5) 提高团队成员的集思广益能力。

拓展阅读

作为思维工具，六顶思考帽已被美国、日本、英国、澳大利亚等 50 多个国家政府在学校教育领域内设为教学课程。同时被世界许多著名商业组织采用作为创造组织合力和创造力的通用工具。这些组织包括微软、IBM、西门子、诺基亚、摩托罗拉、爱立信、波音、松下、杜邦，以及麦当劳，等等。

德国西门子公司有 37 万人学习爱德华·德·波诺的思维课程，在使用该思维方式后，产品开发时间减少了 30%。

英国 Channel 4 电视台说，通过接受培训，他们在两天内创造出的新点子比过去 6 个月里想出的还要多。

英国的施乐公司反映，通过使用所学的技巧和工具使他们仅用不到 1 天的时间就完成了过去需 1 周才能完成的工作。

芬兰的 ABB 公司曾就国际项目的讨论花了 30 天的时间，而今天，通过使用平行思维，仅用了两天。

J.P. Morgan 通过使用六顶思考帽，将会议时间减少 80%，并改变了他们在欧洲的文化。

（资料来源：http://blog.sina.com.cn/s/blog_936866670100ynw6.html）

三、六顶思考帽的应用方法

对六顶思考帽理解的最大误区就是仅仅把思维分成六个不同颜色，但其实对六顶思考帽的应用关键在于使用者用何种方式去排列帽子的顺序，也就是组织思考的流程。只有掌握了如何组织思考的流程，才能说是真正掌握了六顶思考帽的应用方法，不然往往会让人们感觉这个工具并不实用。而帽子顺序的编制仅通过读书是难以达到理想效果的。

帽子顺序非常重要，可以想象一个人写文章的时候需要事先规划自己的结构提纲，以便自己不会写得混乱，一个程序员在编制大段程序之前也需要先设计整个程序的模块流程，思维同样是这个道理。六顶思考帽不仅仅定义了思维的不同类型，而且定义了思维的流程结构对思考结果的影响。一般人们认为六顶思考帽是一个团队协同思考的工具，然而事实上六顶思考帽对于个人应用同样具有巨大的价值。

假设一个人需要考虑某一个任务计划，那么有两种状况是他/她最不愿面对的，一个是头脑空白，不知道从何开始，另一个是头脑混乱，过多的想法交织在一起造成的淤塞。六顶思考帽可以帮助人们设计一个思考提纲，按照一定的次序思考下去。就这个思考工具的实践而言，它会让大多数人感到头脑更加清晰，思维更加敏捷。

在团队应用中，最多的应用情境是会议，这里特别是指讨论性质的会议，因为这类会议是真正的思维和观点碰撞、对接的平台，而人们在这类会议中难以达成一致，往往不是因为某些外在的技巧不足，而是因为从根本上对他人观点的不认同。在这种情况下，六项思考帽可以成为特别有效的沟通框架。所有人要在蓝帽的指引下按照框架的体系组织思考和发言，不仅可以有效避免冲突，而且可以就一个话题讨论得更加充分和透彻。因此会议应用中的六项思考帽不仅可以压缩会议时间，也可以增强讨论问题的深度。

在多数团队中，团队成员被迫接受团队既定的思维模式，限制了个人和团队的配合度，不能有效解决某些问题。运用六项思考帽模式，团队成员不再局限于某一单一思维模式，并且思考帽代表的是角色分类，是一种思考要求，而不是代表扮演者本人。六项思考帽代表的六种思维角色，几乎涵盖了思维的整个过程，既可以有效地支持个人的行为，也可以支持团体讨论中互相激发的行为。

六项思考帽既可以单独使用，也可以将其中的几项组合使用，还可以设计一定的使用顺序依次使用。

六项思考帽的一般应用方法如下所述。

(一)陈述问题事实——白帽

作为思考的第一步，中立且客观地发现信息并增强信息，是基础和关键的一步。这一思维模式下，主要回答以下三个问题。

(1) 现在有什么信息。

(2) 还需要什么信息。

(3) 如何得到所需信息。

(二)提出如何解决问题的建议——绿帽

第二步的绿色思考帽，关键在于提出多种假设，可不以逻辑性为基础，体现了水平思维的创造性。这主要从以下问题进行思考。

(1) 还有其他方法吗？

(2) 还能做其他什么事吗？

(3) 有什么可能发生却被忽略的事吗？

(4) 有什么方法可以克服眼前的困难？

在不断地发现和修改现存方法的错误中，去寻求新的备选方案，为创造力的尝试提供时间和空间。

(三)评估建议的优缺点——黄帽列举优点，黑帽列举缺点

第三步包含黄色思考帽与黑色思考帽两个过程，二者都需要对绿色思考帽所提出的建议进行优缺点的评估，并给出相对应的支持或否定的逻辑理由。

黄色思考帽侧重于考察利益和价值，思考以下几个问题。

(1) 有哪些积极因素？

(2) 存在哪些有价值的方面？

(3) 有没有什么特别吸引人的地方？

(4) 建议可行吗？

通过思考和回答"优点是什么"或"利益是什么"，为一个有价值的或者是可行的主意找出理由，黄色思考帽不仅做到深思熟虑，更强化了创造性方法和新的思维方向。

黑色思考帽主要进行逻辑上的否定，目的是发现缺点和做出评价。为此思考以下两个问题。

(1) 各种建议有什么错误？

(2) 可能的结果是什么？

由于黑色思考帽具有检查功能，所以，可以用它来检查证据、逻辑、可能性、影响、适用性和缺点等。

(四)对各项选择方案进行直觉判断——红帽

第四步的红色思考帽是指对某种事或某种观点的预感、直觉。它既不像白色思考帽那样进行事实叙述，也不像黄色和黑色思考帽那样进行逻辑思考。反之，它是完全主观、有偏好、带有强烈感情色彩的思维。爱德华·德·波诺博士将红色思考帽描述为一面镜子，反射一切主观感受。由于无须给出证明、提出理由和根据，使用红色思

考帽时，仅需如实且快速(一般思考时间限制在 30 秒内)地回答"我对此的感觉是什么？"。

(五)总结陈述，得出方案——蓝帽

蓝色思考帽是"控制帽"，掌握思维过程本身，被视为"过程控制"。一般在思维的开始、中间和结束时，用蓝帽来分别定义目的、制订思维计划、观察，以及得出结论并决定下一步骤。使用时，需要时刻思考下列问题。

(1) 决策议程怎么安排？

(2) 下一步做什么？

(3) 现在使用的是哪一种帽子(进行到哪一步了)？

(4) 如何总结现有的讨论？

(5) 最终决定是什么？

四、六顶思考帽案例分析

互联网家电企业的案例分析——六顶思考帽的组合应用

【案例背景】

几年前，一家诞生没多久的互联网家电企业由于砍掉了传统渠道等中间环节，将一款款设计精良、性能优异的"爆品"通过线上进行销售。在很短的时间内，领先同行竞品夺得市场第一份额。但不久之后的一些市场问题突显出来了：销量下滑、投诉增加，甚至很多地方开始出现了假货、仿冒品。

公司总结最大的原因是缺乏线下体验和线下购买方式的多样化，而这是目前困扰着公司的最大问题。于是，战略决策部门组织公司骨干一起商量对策，开始了一场六顶思考帽的战略讨论。

【思维工具】

六顶思考帽

【组合方法】

蓝帽+白帽+黄帽+黑帽+绿帽+红帽+蓝帽

【应用目的】

蓝帽：确定主题，聚焦讨论重点。

白帽：梳理关键事实、数据和资料等信息。

黄帽：通过议题思辨，发现价值和机会。

黑帽：分析可能面临的问题、困难和风险。

绿帽：针对黑帽发现的问题，创造性地提出解决办法。

红帽：了解团队成员意见，保证最终决策一致。

蓝帽：形成最终决策及解决方案。

【会议过程】

蓝帽

设定讨论的议题：是否开设线下销售和线下体验服务来解决投诉问题？

白帽

(1) 一个月内，"A"产品在线销量下滑了40%。

(2) 在投诉量的统计上：线上、线下投诉的占比分别是35%和65%。

(3) 线下投诉的70%是中老年人，绝大多数原因是功能使用不当。

(4) 400电话接到投诉最多的两个问题是线上"抢"不到产品、线下被骗而买到假货。

(5) 多家自媒体在优酷、爱奇艺等视频网站有视频指责公司搞"饥饿营销"。

(6) 广东省某一个用户在当地数码市场买到假货仿冒品，充电时短路造成重大损失。

黄帽

(1) 开设线下销售可以满足一部分不会使用在线购买的中老年用户的需求。

(2) 开设线下销售可以向客户推荐配件或其他产品，提高客单价和毛利。

(3) 有了线下体验环节，线下顾问可以协助用户指导客户使用产品，避免使用不当造成的客户投诉。

(4) 线下终端和门店可以帮助客户进行免费验货、免费维修和保养，提升用户体验。

(5) 开设线下销售可以塑造企业形象并提高影响力，树立口碑。

黑帽

(1) 开设线下商店的话，租金成本、运营成本将大大增加。

(2) 人力资源储备不够，一下子招募不到足够的人手满足线下销售和体验支持。

(3) 公司定位是"互联网公司"，大规模开设线下渠道销售担心与公司定位相矛盾。

(4) 线下渠道投资增加，最终成本转嫁到价格，用户利益将严重受损，不符合公司经营理念。

(5) 进一步开放线下销售，可能会使黄牛更加猖獗。

绿帽

(1) 储备一部分货源在原有的城市服务网店销售。(不增加额外租金成本)

(2) 要求购买产品实名制，一张身份证只可购买一个产品。(防黄牛)

(3) 每一个服务网店增设若干产品体验师，专职指导用户使用产品。(提升用户体验)

红帽

会议发起者组织大家投票，90%的与会者同意执行开设线下销售服务。

蓝帽

经过六项思考帽的思考方式做出以下决定。

(1) 在原有的数百家服务网点开通部分产品线下销售，满足部分客户需求。

(2) 用户凭身份证限购，严格管理，防止黄牛炒货。

(3) 服务网点员工全员定期接受产品培训，以轮岗的形式服务每一位客户体验。

【案例结果】

该公司通过线上销售，线下服务的 O2O 模式，满足了不同用户群体的需求。在不增加运营成本的前提下，用已有的直营与授权服务网点部分开放销售，增加客户体验师的投入和培养，大大地提高了用户满意度，原来困扰大家的客户投诉问题也得到了缓解。

(资料来源：爱德华·博·波诺. 互联网家电企业的案例分析——六项思考帽的组合应用[EB/OL].
www.xuehu365.com/Article/ArticleInfo/436,2016-04-22)

本章回顾

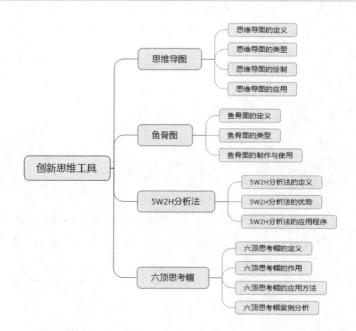

思考与练习

1. 思维导图训练：运用思维导图绘制自己本学期的计划(如生活、学习、娱乐等方面)。

2. 结合本章内容，查找资料，归纳总结四种思维工具的应用场景。

3. 以小组为单位，开展"大学生是否应该参加社团活动"为主题的小组会议，进行六项思考帽训练，并将会议过程用思维导图的形式进行记录。

创 业 篇

第五章

创业与创业精神

内容提要

　　创业是指发现、创造和利用商业机会，组成生产要素，创立事业的过程。在创业过程中，创业者可能会遇到各种各样的困难，创业精神是支撑创业者继续前进的动力。作为潜在的意识形态，它会潜移默化地影响每一个人，对大学生的个人成长至关重要。本章节主要介绍了创业的含义、要素和分类，创业精神的内涵、作用，以及创业精神的培养。通过学习创业与创业精神，培养大学生的创业精神，激发大学生的创业热情。

名人名言

　　对所有的创业者来说，永远告诉自我一句话：从创业的第一天起，你每一天要应对的是困难和失败，而不是成功。我最困难的时候还没有到，但有一天必须会到。

——马云

气味图书馆创始人娄楠石的创业故事

北京三里屯有一家很独特的图书馆，架子上摆的不是一本本藏书，而是一些造型清奇的瓶子。来到这里的顾客都会打开这些瓶子，嗅一下瓶里的味道，并为它买单。"卖气味，你疯了吗？"很多人都这么问，可是她做到了！

她是娄楠石，天生的创业者，在新西兰卖过古董，做过传媒生意，开创过自己的服装品牌，第四个生意是她的另外一个身份，也就是气味图书馆的创始人。

现在，娄楠石定义的嗅觉产业终于得到了更多人的认可。投资人追了她 3 年，直到做了自主品牌，气味图书馆才接受了清科的投资。

19 岁开始创业时，娄楠石还在新西兰上大学，她着急做点什么。于是，就把全部的生活费都给了国内的朋友，买进一批服装。刚一拆开包装，开始以为一件都卖不出去，没想到新西兰人竟然很喜欢这些衣服。

结果，每件都翻了五六倍，她的 1 万块也变成了 5 万。她就把这 5 万块钱再投进去，很快她就从零售做成了批发，1 万块滚到了 20 多万。

21 岁，娄楠石又在新西兰开了一家北欧风格的服装店。这次她选择做自己喜欢并擅长的事，结果却赔了。她总结，自己失败的原因，是自己并没有考虑市场因素，北欧风格太小众。好在她的服装批发生意一直在做，那边还赚钱。

3 年时间，她把 1 万块大学生活费变成了 100 万。都是很简单的模型，能赚钱就敢做。

她放弃绿卡，背井离乡，北漂"卖气味"

2009 年，23 岁的娄楠石从新西兰折腾回了北京，做了气味图书馆。

刻骨铭心的经历，让娄楠石变成了一个特别理性的人。娄楠石在创业之前先进行了假设和判断，先假设什么行业有未来，如何在这个行业里立足、变现。

创立气味图书馆之前她想了两点，这件事要是她一辈子能做的事业，因此这个行业规模必须很大，这是能力的象征。

再者，人最怕年少得志，她不希望她在人生的某一段经历里特别狂妄，然后晚景凄凉。她就选一个她最不擅长的事(传统零售)来做。

本来她大学毕业是想留在沈阳创业，但在沈阳完全没有人能理解她在说什么。大家觉得她像神经病一样，家人觉得她是念书念傻了。

娄楠石拿到了新西兰绿卡，留下来最少也能有 30 万年薪。在发达国家，还能享受到很好的社会福利。"多少人因为一张绿卡可以假结婚，可以爱上自己不爱的人。我有了绿卡，还要放弃，回来创业。"

"卖气味"在别人眼里并不靠谱，家里一分钱都没给她。她的家里人后来跟她说，家里没支持她创业确实挺内疚的，让她吃了这么多苦。但是，重来一次，他们依旧不会支持她。到现在，家人都不理解为什么会有人为她的气味生意买单。

做气味图书馆之前，她先后有过 4 次创业经历。她做到了用 1 万块赚到 100 万，也在一次创业项目中，败光了几乎全部积蓄。

刚刚毕业，23 岁的娄楠石来到北京，跟家人说是出来散心的。带一个小包就过来了，行李都没敢带。之前做生意还剩点小积蓄，不到 8 万块钱。

"卖气味"，是一门什么样的生意？

"卖气味"，被娄楠石称为嗅觉产业。气味行业是需要被升级的，如果人还饿着的时候，当然不会考虑要喷什么香水。

气味图书馆里摆着各类的香薰、香水，甚至是牙膏等日用品。它也常常被人定义为卖香水、香薰的店，是文青的最爱。

她们一直在做串联香水和记忆的事。相比较看得见、听得到的东西，嗅觉往往是最容易被忽略的，然而气味往往是最刻骨铭心的。代理了多年外国产品以后，在2014年，气味图书馆开始研发自主品牌。

这里的产品能给用户带来更多想象和回忆。在店里，你可以闻到花草香、水果香，也可以闻到泥土香、各种自然香味，甚至连旧书、生活中的味道都能在这里闻到。

之所以取名为图书馆，更多的是有一种让气味封存和流传的意味

在"城市系列"香水中，你可以在这里闻到家的味道，成都的气味夹杂着花椒的

香气，北京的气味带着淡淡的檀木香……

2017 年，气味图书馆自主品牌创立 3 年。现在，它已经拿到了两轮融资，成长为气味领域行业第一。2015 年底，清科投资的天使轮。2016 年底，天图资本投的 A 轮，清科资本跟投。

对于拿投资，娄楠石的态度是谨慎的。"我们这个行业太新，到现在还没有一个周期，不代表我现在拿了钱，明天就能把业绩做得好看，不见得气味图书馆这么做能善始善终。"

在《合伙中国人》中，娄楠石做了一个新项目"嗅景"，现在嗅景回归到气味图书馆，成为一个 To B(面对企业/公司)的业务。

嗅景做的是嗅觉的 logo，可以让人通过气味记住你的品牌。

气味图书馆免费为企业做的气味 logo 设计，客户可以在办公室、产品、店里留下专属气味。58 到家、知乎、罗辑思维、奔驰等都是它的客户。

2009 年创业，被当作异类，她创业的过程从来都没有得到认可，一直被质疑。尽管到了现在，很多人仍然不理解她们是在做什么，包括她们公司的同事。因为，她们在做一个非常有前途的事业。娄楠石说，她不是一个卖香水的。

气味图书馆是浪漫的，浪漫之所在，是基于对生活的热爱。而浪漫之外，是娄楠石并不浪漫的坚持。

(资料来源：佚名.气味图书馆创始人娄楠石的创业故事，1 万块怎么变 100 万？
[EB/OL]. https://m.201980.com/lzgushi/nvxing/23382.html)

思考

1. 娄楠石的气味图书馆为什么会成功？
2. 通过娄楠石的创业故事，得到了哪些启发？

第一节　创业概述

一、创业的含义

"创业"一词在古今都有不同的含义，随着时代的发展，它被赋予了多种含义。

(一)古今对创业的解释

"创业"一词由"创"和"业"组成，所谓"创"就是创造，即创建、创立、创新之意，《辞海》的解释是"创立基业"。古代《孟子·梁惠王》有："君子创业垂直，可继也。"诸葛亮《出师表》提到："先帝创业未半，而中道崩殂。"这里所谓的"创业"是广义上的创业，是指"事业的基础、根基"，既可以是古代的"帝王之业""霸王之业"，也可以是百姓家业、家产和个人事业；关于"业"字，其含义也很多，《现代汉语成语词典》对"业"有如下解释：学业；业务、工作；专业、就业、事业；财产、家业、企业等。可见"业"的内涵极为丰富。同样地创业的内涵更加丰富。

在现代社会中，"创业"被描述成开创某种事业的活动，与保持前人已有成就和业绩的"守业"是相对的。在高等教育中，创业的表述是以所学知识为基础，以技术、工艺、产品、服务的创新成果为支柱，以风险投资基金为依托，开创性地提供有广阔前景的新技术、新工艺、新产品、新服务，甚至孵化出新的高新技术企业乃至新产业部门的一系列活动。

(二)广义和狭义的创业

创业有广义和狭义之分。狭义的创业是指创业者的生产经营活动，主要是开创个体和家庭的小业；广义的创业是指创业者的各项创业实践活动，其功能指向是成就国家、集体和群体的大业。总之，无论是狭义的创业，还是广义的创业，都是发现、创造和利用商业机会，组成生产要素，创立自己的事业，获得商业成功的过程或活动。

(三)学者对创业的解释

1. 创业价值说

创业活动的创造性体现在价值的创造上。宋克勤认为创业是创业者通过发现和识别商业机会，组织各种资源提供产品或服务，以创造价值的过程[①]。郁义鸿等人认为，创业和创业者的定义是密不可分的，他们综合几位国外学者的观点之后，认为创业是

---

① 宋克勤. 创业成功学[M]. 北京：经济管理出版社，2002.

一个发现和捕捉机会并由此创造出新颖的产品或服务和实现其潜在价值的过程①。

2. 创业功利说

创业是一个创造和积累财富的过程。罗天虎主编的《创业学教程》认为创业是一个开创事业和积累财富的过程，认为创业活动具有开拓性、自主性和功利性等基本特征②。

3. 创业实体说

创业需要一个承担创业的实体，通常这个实体就是企业。刘建钧认为创业是"一种创建企业的过程，或者说是创建企业的活动"③。

二、创业的要素

(一)资本要素

世界各国为了鼓励创业活动的开展，纷纷降低了对新企业注册资金方面的要求和限制。中国早在 1999 年将个人独资企业的注册资金降到 1 元，这只是一个象征性的标准。但是，创业需要资金，其所需的资金有固定资金、流动资金和发展资金。固定资金主要是企业创办时需要租赁场地、购买办公设备、生产设备，以及人员招募等，都需要大量的资金。流动资金主要是用来支撑企业在其短期内运营所需要的资金，主要包括人员工资、广告投入等。发展资金主要是指新的产品的研发，以及后期的市场调研费用等。

(二)技术要素

技术含量的提高已成为新企业发展的一个趋势。从美国的硅谷到中国的中关村，在新企业推出的产品中，技术产品所占的比例越来越高。技术主要是创业者要赢得客

---

① 郁义鸿，李志能，罗博特•D.希斯瑞克(Robert D. Hisrich). 创业学[M]. 上海：复旦大学出版社，2000.

② 罗天虎. 创业学教程[M]. 西安：西北工业大学出版社，2004.

③ 刘建钧. 创业投资原理与方略[M]. 北京：中国经济出版社，2003.

户青睐的技术或服务，首先核心技术是赢得市场的关键要素，在创业过程中已经显得越来越重要，它是快速获取竞争优势并取得创业成功的核心力量；其次技术可以转换成资本等，尤其当拥有能够为客户带来超价值、引发市场革命的独有专利或者技术时，自然会有很多人主动来投资，为创业者初期创业成功提供大量的资本。

(三)人才要素

党的十九大报告指出，"人才是创新的根基""创新驱动实质上是人才驱动"。人才是建设创新型国家不可缺少的因素。对于 21 世纪的企业管理者而言，人才甚至比企业战略本身更为重要。因为有了杰出的人才，企业才能在市场上有所作为，管理者才能真正拥有一个管理者应有的价值。没有人才的支持，无论怎样宏伟的蓝图，无论怎样引人注目的企业战略，都无法得以真正实施，无法取得最终的成功。例如，在 Google，公司最顶尖的编程高手 Jeff Dean 曾发明过一种先进的方法，该方法可以让一个程序员在几分钟内完成以前需要一个团队做几个月的项目。他发明了一种神奇的计算机语言，可以让程序员同时在上万台机器上用最短的时间完成极为复杂的计算任务。毫无疑问，这样的人才对公司来说有着非常特殊的意义。

(四)品牌要素

现代营销学之父科特勒在《市场营销学》中对品牌的定义是销售者向购买者长期提供的一组特定的特点、利益和服务。任何一个企业都要有自己的品牌，在消费者心中树立自己的定位。品牌是创业成功的基因，是快速开发新客户、超越价格战、留住老客户、形成口碑传播的保障！例如，有一个卖瓷器的工厂，根本没有品牌名，只是叫"德兴瓷业"，销量很不理想。后来创业者认识到品牌的重要性，重新起了个名字，叫"汉帝国瓷"。调查显示，90%的人更喜欢"汉帝国瓷"。因为这个品牌，融入了中国 2000 年的历史，彰显了瓷器使用者的身份，提升了瓷器的品位等级……有了品牌的营销手段，销售效果立竿见影。

(五)市场要素

市场是指创业项目能够满足哪些市场需求，能够为顾客提供哪些价值。创造客户价值是企业存在的根本目的。因此，满足市场需求、为顾客创造价值，是创业的前提条件之一。即使拥有资本、技术、人才、品牌等，如果创业项目无法满足或者适应市场的需求，创业也是失败的。企业想要取得在市场竞争中的优势：一是要善于识别创业机会，发现新的市场需求；二是为目标客户群体建立及时的反馈机制，并为客户提供良好的用户体验，提升客户对企业的忠诚度；三是整合资源，拓宽收入模式，通过合理的收入介质、交易方式和计费方式，能够刺激目标客户的消费欲望，进一步增加企业的收入。

(六)渠道要素

渠道是指参与促使产品或服务可供消费或使用这一过程的相互依存的组织[①]。企业在初创期，渠道建设也至关重要。渠道建设能够统筹渠道上下游的利益，充分发挥渠道商各自的优势和协同效应，共同为顾客提供价值服务，使渠道价值链的价值最大化，使厂商合作利益最大化。

(七)场地要素

在初创期，创业场地的选择对于企业今后的发展壮大至关重要。一般情况下，影响企业选址的因素有很多，但其最主要因素包括政治、经济、社会、文化、技术、行业状况等，其中经济和科技因素对初创企业的选址具有重要影响。同时，企业要结合自身因素科学合理地进行选址。麦当劳和肯德基如何做成大品牌，除了时间的沉淀之外，在选址方面也进行了多因素的考量。这些因素，对于创业者在企业选址方面具有一定的借鉴意义。

三、创业的分类

人们的创业活动是多种多样的，对创业进行分类也同样是复杂多样的。

(一)按创业动机分类

按照创业动机不同，创业可分为生存型创业和机会型创业。

---

① 张国庆，程洪莉，王欢，等. 创新创业路径揭秘[M]. 北京：清华大学出版社，2019.

1. 生存型创业

生存型创业是指创业者没有更好的选择，被迫参与创业活动，来解决当前的生存需要。它的优势在于创业门槛低、风险小、成本低，而且创业起点与机会型创业相比也低些，如传统餐饮行业的创业等。清华大学的调查报告提到，这一类型的创业者占中国创业总数的 90%。

2. 机会型创业

机会型创业是创业者为了追求商业机会而从事的创业活动。其优势是成长空间大、发展空间大、收益较高。例如，马云的阿里巴巴。1995 年 9 月，而立之年的马云，因精通英语被邀请赴美国做商业谈判的翻译，一次偶然的机会接触了互联网。当时美国的互联网方兴未艾，而在中国触网的人还是寥寥无几，他看到了网络改变世界的巨大能量，发现了巨大的商机，从而创立了今天的阿里巴巴。

(二)按创业者数量分类

按照创业者数量的多少，创业可分为独立创业和合伙创业。

1. 独立创业

独立创业是指创业者独立创办自己的企业。其优势在于产权归创业者个人独有，企业由创业者掌控，利益驱动力强，工作效率高；其劣势是创业者独自承担创业风险，创业资源整合较困难，企业发展受到个人能力限制。例如，蓝店洪振业，创客猫卢捷等。

2. 合伙创业

合伙创业是指两个或两个以上的创业者创办企业。其优势是团队共担风险，有利于资源的整合；其劣势是容易产生利益冲突，管理成本高，在某一决策方面容易产生分歧，如新东方等。

(三)按创业起点不同分类

按创业起点的不同，创业可分为创建新企业、企业附属创业与企业内部创业。

1. 创建新企业

创建新企业是指个人或团队从无到有地创建出新的企业组织[1]。创业者在创建企业的过程中是充满风险的，除了业务上的风险，创业者还要有一定的法律意识，应当注重法律风险防护。创业过程中，创业者的个人创造力可得到最大限度的发挥，但风险和难度很大，创业者往往缺乏足够的资源、经验和支持，创业者需要承担较大的创业风险。例如，马云的阿里巴巴，栗浩洋的松鼠 AI 等。

2. 企业附属创业

附属型创业是指一家成功的公司创建新的附属企业。公司附属创业的动力来源于三个方面：一是通过创建附属企业，构建新的经营和销售模式，促进创新产品的商业化；二是通过创建附属企业，能够建立一个对市场多元化的需求做出迅速反应的窗口，激发企业整体创新活力；三是通过创建附属企业，能够吸引更多的社会资本。例如，前导软件，新力发电公司。

3. 企业内部创业

内部型创业是指有一些创业意向的员工在企业支持下，承担企业内部某些业务或项目，由员工与企业共担风险，共享创业成果。其目的是将企业家精神注入公司内部，造就内部企业家，同时为员工提供了更大的发展空间，推动企业不断创新和持续发展。这种创业形式受到越来越多创业者的关注，如海尔的内部创业。

拓展阅读

海尔的内部创业

"互联网+"推进传统企业转型，事实上张瑞敏在十多年前就在海尔内部进行流程再造，改革公司组织结构，直到今天，从未停止。那么今天，海尔的组织结构转型，具体在做什么工作？张瑞敏认为要适应互联网时代就必须进行这一转型，分布式发展比中控式发展更能让海尔实现第二次高速成长。一切矩阵式结构的传统企业都应

---

[1] 叶敏，谭润志，杨荣. 大学生创新创业教育[M]. 上海：上海交通大学出版社，2016.

该看看海尔的转型逻辑。

李某在海尔工作了 24 年，现在他的职位有日日顺乐佳贸易公司经理、海尔电器CEO、巨商汇董事长。

2013 年，李某决计不做中间商，试图通过一个互联网平台来管理经销商及小卖家，这就是巨商汇。经过长达 9 个月的研发，2014 年 3 月，巨商汇正式上线，但只针对海尔的经销商，同年 12 月才对社会其他品牌开放。

今年来，巨商汇每月都有十几亿元的非海尔品牌业务成交额，计划全年达到 200 亿左右，而平台的总交易额则将达到 800 亿元。

B2B 的生意管理平台做的是熟客生意。所有上线的经销商必须经过厂家的认证，且一个地区只有一个，认证后方可进入品牌商的线上渠道管理体系，提交订单、付费、货品流通等。而且，巨商汇并不通过买卖双方的交易获得佣金，它的商业模式是免费为买卖双方提供技术平台，再以服务的方式收费，如金融机构给经销商提供贷款，巨商汇会向金融机构收费。

李某对《财经》记者说，因为巨商汇的存在，2012 年海尔渠道减掉了 2000 多名业务员、近 2000 个产品型号。他总结，这就是互联网带来的效果——三减一加，即减人、减产品、减流程、加服务。

巨商汇已经成为比海尔更具有想象力的平台，甚至可能成为一个并不比阿里巴巴小的生意。这个脱胎于海尔的内部创业企业，会在海尔集团投资驱动平台之下，逐渐发展成为一个有外部资源进来的创业型企业。当前海尔集团约占 90%股份，员工持有10%左右。A 轮资本进入后，员工持股将增加至 20%以上。目前，已有包括红杉在内的 4 家机构对巨商汇展开尽职调查。

目前在海尔，像巨商汇这样创立于海尔之内、发展于海尔之外的内部创业公司有200 多个，海尔把这些创业公司称之为"小微公司"。

在互联网时代，分布式管理是企业获得快速成长的较好方式，海尔也希望以这种管理方式，完成企业的网络化转型和再次高速成长。但这种转型不只是组织架构上"失控"，还包括战略方向的调整、业务流程的落地等系统改造。

（资料来源：海尔的另类转型：内部创业

[EB/OL].https://wenku.baidu.com/view/8c7605644afe04a1b071dec6.html）

(四)按创业项目性质分类

按创业项目性质不同，创业分为传统技能型创业、高新技术型创业、知识服务型创业。

1. 传统技能型创业

传统技能型创业是指创业者在传统手工技艺等方面从事创业活动。其优势是依靠世代相传的手艺，对创业者要求比较高，同时是许多现代技术所不能媲美的。例如，杨鑫的星野民宿馆，他创立的"星野婚庆姓名喜字"和"星野剪纸装饰画"等产品，远销国内外市场。

2. 高新技术型创业

高新技术型创业是以高新技术为基础，进行一种或多种高新技术产品的研究、开发、生产等的创业活动，这种创业往往在关键技术的开发上难度比较大，一旦开发成功，具有高于其他创业型企业的经济效益和社会效益。例如，美敦力、赛默飞世尔科技等。

3. 知识服务型创业

知识服务型创业是指创业者运用新知识来创造高附加值产品或服务进行创业。当今社会知识更新速度快，信息量巨大，各类知识咨询类的机构不断细化和增加，如律师事务所、心理咨询机构等。

(五)按创新内容分类

按创新内容的不同，创业分为基于产品创新的创业、基于营销模式创新的创业和基于组织管理体系创新的创业。

1. 基于产品创新的创业

基于产品创新的创业是指通过技术创新、思维创新等方法引发产品创新。产品创新是创造顾客价值、建立竞争优势、提升产品质量、创立品牌形象，使企业与竞争对手有效地"隔离"，最终获得品牌溢价和超额利润。例如，华为公司不断加大研发投入，积极实施自主创新战略。2013 年，华为推出了网络部署方案，成功研发了 LTE 创新技术，推动了企业迅速发展。

2. 基于营销模式创新的创业

基于营销模式创新的创业是指创业者突破传统的营销模式，能够给消费者带来极大的满足感，同时提升品牌影响力。例如，云南省旅游发展委员会颠覆传统推介模式，拓展推介群体，于 2017 年 10 月 31 日—11 月 11 日在全国 300 家同程体验店同步开展"七彩云南，红遍神州"风情体验周大型活动，通过品一杯正宗普洱茶，尝一块手工猫哆哩，领一份云南特色手提包，看一场民族风情表演等场景化的体验，创新性地开发了七彩云南旅游品牌营销模式。

3. 基于组织管理体系创新的创业

基于组织管理体系创新的创业是指企业突破传统的组织管理体系，有针对性地进行组织管理创新。它是企业生存、发展的必由之路。根据实际情况，企业的组织管理体系创新有助于提升企业管理效率和竞争力。例如，采用事业部制布置结构既保留了直线职能制组织结构的优点，又使得组织管理和控制规模得到较大的扩展，在一定程度上抵消了"大企业病"对组织的危害[①]。

(六)按创业风险分类

按创业风险的大小不同，创业分为依附型创业、尾随型创业、独创型创业、对抗型创业。

1. 依附型创业

依附型创业分为以下两种情况。一是依附于大企业或产业链而生存。在产业链中为自己的企业进行角色定位，一般情况下为大企业提供配套服务。例如，为某个或某类企业生产零部件，或生产、印刷包装材料等。二是特许经营权的使用，利用品牌效应和成熟的管理模式，减少创业风险，如贡茶、星巴克咖啡等。

---

① 叶敏，谭润志，杨荣. 大学生创新创业教育[M]. 上海：上海交通大学出版社，2016.

2. 尾随型创业

尾随型创业是指模仿他人的一种创业模式。这类创业所开办的企业和经营项目均无新意，行业内已经有许多同类的企业。这种类型的创业只是希望在短期内能维持下去，不求超过他人，同时在市场上拾遗补阙。它不求独家承揽全部业务，只求在市场上分得一杯羹。

3. 独创型创业

独创型创业是指能够填补市场空白的创业模式。这类创业具有独创性，大到商品创新，小到商品的某种技术。但它具有一定的风险性，消费者接受新事物的过程都需要一定的周期。例如，OpenTable 是在线预订餐厅座位的平台，国内在线外卖预订虽然发展得如火如荼，但是却没有一个类似 OpenTable 的餐饮预订巨头。

4. 对抗型创业

对抗型创业是指进入其他企业已经形成垄断的市场，并与之抗衡的一种创业形式。这类创业风险性比较大，需在知己知彼、科学决策的前提下，决心大，速度快，乘势而上，抓住市场机遇。例如，各家网约车平台激战正酣，热闹非凡时，谁也无暇顾及一个"小角色"——首汽约车却在北京市场悄然崛起。直到多地网约车新政推出的那一刻，滴滴们才意识到，一个不得不正视的对手，突然直立在自己面前。

第二节 创 业 精 神

一、创业精神的内涵

自从有了创业活动，相关专家、学者对创业精神都有不同的解释，经济学家将创业精神称之为"企业家精神"，主要是指创业者通过创新的手段，更有效地利用资源，为市场创造新的价值的过程[①]。在经济学家的眼中，创业精神既是一种思维方式，也是一种实践行为，其实质是创新。最先提出"创新"概念的约瑟夫·熊彼特认

---

① 谷力群. 论大学生精神的培养[D]. 沈阳：辽宁大学，2013.

为，创业精神是一股"创造性的破坏"力量，创业者采用的"新组合"使旧产业遭到淘汰，原有的经营方式被新的、更好的方式摧毁[①]。

综上所述，创业精神实际上是指创业者在创业过程中，能够支撑创业者勇往直前，不断进取，贯穿整个创业过程，并外在表现为具体行为特质的思维活动和心理状态。

创业精神包含勇于创新、敢当风险、团结合作、坚持不懈等。创新被认为是表现创业精神的具体化。创业者具有创新精神，才可能创建新颖独特的企业，并保持一个企业的特色和可持续发展；没有甘冒风险和承担风险的魄力，就不能成为创业者。无数创业者的经历证明，创业者虽然生产环境、成长背景和创业机缘各不相同，但无一例外都是在诸多不确定性因素条件下敢为人先，勇于创新的实践者。团结合作是创业精神的精华。社会发展到今天，行业分工越来越细，没有谁能一个人完成所有创业需要完成的事情。真正的创业者善于合作，能将合作精神扩展到企业的每个员工。面临困境时，团队成员间团结一心，奋力拼搏；创业的过程必然会伴随着各种艰辛和曲折，因此创业者必须坚持不懈、咬定青山不放松。创业实践表明，往往只有偏执者才能在创业中生存下来。

二、创业精神的作用

(一)推动创新型国家建设

2018 年，国务院印发《关于推动创新创业高质量发展打造"双创"升级版的意见》(国发〔2018〕32 号)，进一步深化实施创新驱动发展战略，将创新创业推向一个新的高度。国家创新体系的高速运行离不开一大批拥有创新能力和创业精神的个体和群体。提高国家的自主创新能力，其关键因素在于人的创业精神，而且不只是体现在管理者身上，还要有全体人员的参与。创业者要发扬创业精神，积极投入到创业型经济和创新型国家的建设之中，满足社会发展的迫切需要。

---

① 熊彼特. 经济发展理论[M]. 北京：商务印书馆，1990.

(二)促进社会良性发展

我国社会正处在转型发展期，经济结构的调整导致对人才需求的结构发生重大变化。随着我国劳动力人口数量与就业岗位之间的矛盾日益加剧，政府制定实施了"以创新促创业、以创业促就业"的就业举措。在新形势下，只有具备扎实的专业知识技能、社会实践能力，并具有一定的创业精神的人，才是现今社会发展所急需的人才。创业精神是社会经济发展中的重要精神，也是工匠精神理应具备的专业精神与专业素质的核心要素之一。创业精神是社会发展的主导和灵魂，是推动经济社会发展中的中坚力量。

(三)助力大学生全面发展

马斯洛需求层次理论指出，在满足生理需求的基础上，要不断提高发展性的需求层次。自我实现是人类需求的最高层次，也是人类毕生的追求，是充分发挥和实现自我潜能的一种趋势。在实现个人价值的过程中，大学生要追求与其相匹配的品质和能力。创业精神作为一种精神动力，鼓励大学生要敢于突破自我，发挥创造性思维，积极开创创新局面，在职业生涯与发展规划中最大限度地发挥自己的才能，实现个人价值与社会价值的统一。创业精神可以帮助大学生树立科学的世界观、人生观和价值观。通过提高自己的创业实践为创新创造做贡献，丰富社会关系，不断完善和展示自己的独特个性和全面发展。

三、创业精神的培养

大学生创业精神的培养，能够为社会输送一批高素质的创业人才，在一定程度上缓解了当前就业难的社会矛盾，并推动创业型经济发展和创新型国家的建设。创业精神能够实现大学生自我发展的需求，自觉地将个人发展与国家民族的前途和命运相结合，为社会创造财富的同时，实现自身的全面发展。

(一)在课程学习中培养创业精神

我国正处在经济转型发展时期，大学生应该清醒地意识到，人的生存和发展不应依靠适应，而是创新。新时代，国家和社会需要的人才是具有创业精神和实践能力的复合型人才。通过创新创业教育课程的学习，大学生渐次提升自我创业精神，最终才能成为我国实现创新型国家的推动力量。

创新创业课程体系，包括通识课、精英课和专创融合的课程。通识课，通过情境化、项目式教学提升学生对于创业的认知，实现学生对于创新、创业的兴趣培养；精英课，则以项目实战为导向，将创业精神内化为自我创新的血脉；专创融合课，通过在专业课教学中融入创新能力、创业精神的培养，提升学生科技创新、商业模式创新的能力。

另外，创业讲座作为课程体系的补充，能够使学生与成功的创业者零距离地进行接触，感受创业者身上的创新意识、敢当风险、团结协作等创业精神，进而激励学生自身创业精神的培养。

(二)在实践中塑造创业精神

1. 积极参加社会实践活动

对大学生来说，社会实践活动包括企业实习、社会兼职等形式。通过社会实践，大学生可以丰富自己的社会阅历，发现商机，了解社会对创业者基本能力的需求。同时，也能磨炼创业所需要的意志品质，找出自身差距和不足，明确努力的方向，提高自己的创业能力，升华创业精神。在参与过程中，大学生应抱着勤恳的工作态度，耐心谦虚、认真学习，了解不同行业的职业特点和自己的能力特点，从而充实自身的工作经验，积累社会阅历。

2. 积极参加学校组织的各项实践活动

第一，积极参与大学生创业园、大学生孵化园等学校提供的创业实践平台。通过创业实践，在实践中提升自身的创业技能，增强抗压能力，磨炼自己的意志品质。

第二，积极参加学校创业社团，从兴趣出发找寻创业项目。创业社团的成员来自不同年级，有不同的专业背景，通过交流创业成功经验、创业失败教训或者发现好的创业项目，为以后创业提供良好的经验和方向，为创业做好心理上的准备。

第三，积极参加各类创业竞赛。2017 年，习近平总书记在给第三届中国"互联网＋"大学生创新创业大赛"青年红色筑梦之旅"的大学生的回信中表示，青年大学生要"在创新创业中增长智慧才干，在艰苦奋斗中锻炼意志品质，在亿万人民为实现中国梦而进行的伟大奋斗中实现人生价值"。通过参加创业竞赛，以赛促学业，以赛促成长。

本章回顾

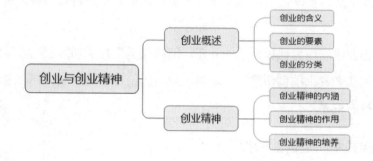

思考与练习

1. 什么是创业？创业有哪些类型？

2. 结合实际情况，论述如何培养大学生的创业精神。

3. 观看《中国合伙人》，写一篇观后感。

第六章

创业环境与创业机会

内容提要

　　创业环境分析是发现创业机会的基础，是进行创业可行性分析的前提。随着变化的环境，既能给创业者带来机遇，也能给创业者造成威胁。创业者必须清楚了解所处的创业环境及行业发展趋势，抓住机遇，进而从中挖掘创业机会。本章简要介绍了创业环境与创业机会的基本概念及相关知识点，并分析了教育行业的创业环境及其发展趋势。

名人名言

　　发现好的市场机会不亚于发现一座金矿。

——约翰·都尔

案例导入

百度创始人李彦宏的创业故事

百度是我国最大的搜索引擎，"百度"二字，来自于 800 年前南宋词人辛弃疾的一句词：众里寻他千百度。这句话描述了词人对理想的执着追求。1999 年底，身在美国硅谷的李彦宏看到了中国互联网及中文搜索引擎服务的巨大发展潜力，怀揣着技术改变世界的梦想，他毅然辞掉硅谷的高薪工作，携搜索引擎专利技术，于 2000 年 1 月 1 日在中关村创建了百度公司。

李彦宏，1968 年出生在山西阳泉一个普通的家庭。父母是阳泉市晋东化工厂工人，李彦宏有三个姐姐一个妹妹，李彦宏是家里唯一的一个男孩。小时候的李彦宏就很聪明，学习成绩特别好，在学习上父母基本上不用操心。1987 年，李彦宏以阳泉市第一名的成绩考上了北京大学信息管理专业。从大三开始，李彦宏买来有关考托福、考 GRE 的书，过着"教室——图书馆——宿舍"三点一线的生活，目标是留学美国，打算学习计算机专业。

1991 年，李彦宏去国外读书，之后做了几年技术员，生活悠闲自在。1999 年，李彦宏认定环境成熟，国内互联网创业势头正兴，搜狐、新浪、网易各大门户网站相继创立，阿里巴巴、腾讯融资成功，唯独缺少搜索引擎的创业公司。看到时机已到，李彦宏于是决定回国创业。

他在北大资源宾馆租了两间房，连同 1 个财会人员，5 个技术人员，以及合作伙伴徐勇，8 人一行，开始创建百度公司。1999 年，分两笔融到风险投资 1120 万美元。可以说，百度公司一开始就顺风顺水，这与李彦宏本身的硅谷经历是分不开的，因为投资人相信他拥有研发搜索引擎的技术实力，同时国内又是空白市场。

刚开始，百度公司只是为各大门户网站提供搜索技术服务。渐渐地，李彦宏意识到这不是百度要走的路，于是在董事会上提出要开展"竞价排名"计划，并转型做独立的搜索引擎网站。然而，这个提议遭到股东们的一致反对，李彦宏意志坚决、力排众议，最终说服投资人同意了他的决定。这是百度公司发展史上最重要的一次决定，从此百度转型成功。

经过十多年的发展，百度已经发展成为全球第二大独立搜索引擎和最大的中文搜索引擎。百度的成功，也使中国成为除美国、俄罗斯和韩国之外，全球仅有的 4 个拥有搜索引擎核心技术的国家之一。

2018 年 1 月 21 日，在 IF2018 极客公园创新大会上，百度创始人兼 CEO 李彦宏与极客公园创始人张鹏进行了一场对话。在这场对话中，李彦宏谈到了自己从互联网时代，到移动互联网时代，再到人工智能时代想法的转变。

李彦宏回顾了百度的发展历程，他坦言由于认识上的麻木，百度在移动互联网方面布局缺失，"我们被冲击了一下，觉得脚跟站不稳"。好在百度在 AI 技术和市场方向布局较早，人工智能时代到来之后，心态终于可以从容一些。度过移动互联网危机的李彦宏感叹："属于我们的日子终于来了。"

有数据显示，百度公司在 2017 年前三季度的 90 亿美元收入中，有 12 亿美元被重新投入到研发工作，其中大部分是投入到 AI 领域的研发工作。李彦宏认为百度可以通过利用中国最大的优势——规模优势来主导全球的人工智能市场。

(资料来源：百度创始人李彦宏的创业故事[EB/OL].

https://news.trjcn.com/detail_195610.html,2019-2-15)

思考

结合案例，简要分析李彦宏的创业历程。

第一节 创业环境

一、创业环境的内涵及特征

(一)创业环境的内涵

环境是一个外延很大的抽象概念，《辞海》里关于环境的定义是，人类在自然环境的基础上，为不断提高物质和精神水平，通过长期有计划、有目的的发展，逐步创造和建立起来的人工环境[①]。环境分为一般环境和特殊环境两种，一般环境是对所有人都存在广泛影响的社会大环境或者说社会大气候；特殊环境是对某一部分人或组织

---

① 蔡莉，崔启国，史琳. 创业环境研究框架[J]. 吉林大学社会科学学报，2007(1)：50～56.

具有决定意义的小环境或者说个别环境。创业环境就是一个特殊环境，是一般环境的一个特定层面和组成部分。

创业环境是指创业者在进行创业活动和实现其创业理想的过程中必须面对和能够利用的各种因素的综合。它包括政治、经济、法律、科技、社会、自然等方面的因素，是这些因素相互作用、相互制约而构成的有机整体。创业者的创业过程并不仅依靠某一方面的推动，也不仅是某一种因素作用的结果，它的运作需要各方面环境的支持。创业环境可以从多个角度进行分类，依据构成要素，创业环境分为经济环境、政治法律环境、社会文化环境和自然环境。经济环境又分为宏观经济环境和微观经济环境，其中宏观经济环境包括产业环境和融资环境。依据软硬环境，创业环境分为硬环境和软环境。硬环境是指有形的环境要素，包括物质环境和区位环境，如基础设施、交通条件等；软环境是指无形的环境要素，包括法律、经济、文化等①。

(二)创业环境的基本特征

创业环境具有四个基本特征，即整体性、主导性、可变性和差异性。

1. 整体性

创业环境是一个由各要素相互作用、相互联系而构成的有机整体，创业环境的各个要素也是相互联系、相互影响而存在的。由于创业环境具有整体性的特征，在研究创业环境的时候，应该运用系统的原则和方法，从整体的角度来考察创业环境，不能割裂各要素之间的联系，从创业环境的整体去研究个体要素的表现。

2. 主导性

在创业环境的各要素中，总有一个或几个要素在某一阶段的发展中居于主导地位，即在创业环境这个整体中规定和支配着其他的要素。因此，对主导要素的研究具有特别重要的意义。

3. 可变性

创业环境是不断发展变化的。经济结构的调整、政治制度的优化、市场需求的变

① 夏鲁青. 创业通识[M].北京：教育科学出版社，2017.

化、消费水平的提高等,这些都极大地影响着创业环境。创业环境是一个动态环境,始终处于不断变化的过程之中,并且逐步趋于完善。因此,必须用动态的观点来看待、研究创业环境,才能正确认识创业与创业环境之间的关系。

4. 差异性

差异性是指地区的差异。创业环境是个空间概念,所在区域不同,内容也不尽相同。区域政治、经济、文化等方面的差异,决定了创业环境的地区差异。

二、创业环境的分析维度

创业环境对创业者创业的成败起着决定性作用,分析创业环境对于创业者具有十分重要的意义。由英国伦敦商学院和美国百森商学院共同发起组织的全球创业观察GEM(Global Entrepreneurship Monitor)从九个维度描述了一个国家的创业环境条件,包括金融支持、政府政策、政府项目、教育与培训、研究开发转移、商业环境及专业基础设施、市场开放程度、有形基础设施、文化及社会规范(见图 6-1)。GEM 认为这九个维度对创业活动产生了显著影响[1]。

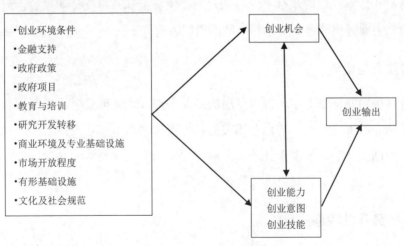

图 6-1 GEM 创业环境概念模型[2]

---

① 夏鲁青. 创业通识[M]. 北京:教育科学出版社,2017.
② 高建,姜彦福,李习保,等. 全球创业观察中国报告:基于 2005 年数据的分析[M]. 北京:清华大学出版社,2006.

(一)金融支持

金融支持是指新企业和成长型企业获得金融资源支持的渠道是否畅通及可利用的程度。这一维度也考察政府财政部门对创业的支持。从 GEM 参与国家和地区的情况来看，创业企业的金融支持主要有三种：一是私人权益资本，包括自有资金、亲友借贷和引入私人股权筹集的资金；二是创业资本融资；三是二板上市融资[①]。

(二)政府政策

政府政策是指各级政府创业政策制定及实施情况，涉及政府采购、税收、就业等政策，以及企业初创时的特殊许可、组织形式等规定，该维度主要考察政府政策对创业活动的鼓励程度。

(三)政府项目

政府项目是指各级政府对于新企业和成长型企业可以提供的直接项目。它是政府政策的物化和延伸内容，该维度主要考察政府项目的可获取性和质量，以及政府政策的执行情况和效率。政府项目不仅包括政府提供资金和政策支持的项目，而且包括政府设立的为创业提供服务、支持和帮助的组织。

(四)教育与培训

教育与培训既是创业活动得以开展的必要条件，也是创业者将潜在商业机会变为现实的基础。该维度反映了与创业相关的各个层次的教育和培训体系在创立或管理小型企业、新创企业和成长型企业培训方面公司化的程度。创业者接受过良好的教育且具有较高的技能水平是其创业成功的必要保障。

(五)研究开发转移

研究开发转移是指研究和开发成果在多大程度上被转化成现实的生产力。研发转移过程是新知识、新技术商品化、产业化和市场化的过程。该指标主要考察创业者能否获得新的知识和技术，以及新的知识和技术商品化、产业化和市场化程度。

---

① 曹明. 基于 GEM 模型的中日创业环境比较研究[J]. 厦门理工学院学报，2007，15(2)：67～72.

(六)商务环境及专业基础设施

商务环境及专业基础设施是指创业企业能够得到的商业、会计和法律服务。创业的商务环境及专业基础设施至少包括以下三个方面。一是创业企业能够获得的资源，如分包商、供应商、咨询机构资源。二是创业企业能够获得的服务，包括金融服务和非金融服务。金融服务包括银行服务等，非金融服务包括法律服务、会计服务等。三是创业企业能够用得起的资源和服务，如可以负担广告费和分销服务费。

(七)市场开放程度

市场开放程度是指市场每年变化情况，以及创业企业进入现有市场的机会。市场开放程度主要体现在创业企业进入市场时是否存在行业壁垒，是否有一个公平竞争的环境，并且将市场变化作为反映进入壁垒的一个重要方面。

(八)有形基础设施

有形基础设施是指交通设施、通信设施、邮政服务、公共设施等创业企业所必需的硬件设施。它是创业活动赖以进行的物质保障，其完善程度和获得成本的高低将会直接影响新创企业的效率。

(九)文化及社会规范

文化及社会规范是一个国家、一个区域在长期发展过程中积淀形成的共同思维和社会准则，给人们提供了判断对错、美丑、合理与否的尺度和行动蓝图，它影响着人们的创业激情和发现机会、把握机会的能力[1]。

拓展阅读

《全球创业观察(GEM)2017/2018 中国报告》主要研究观察

《全球创业观察(GEM)2017/2018 中国报告》是 2002 年以来发布的第 15 份年度中国报告。该报告基于过去 15 年的年度调查数据，从中国创业活动的结构特征、质

---

① 林娜. 营造和谐的发展和创业环境[J]. 理论探讨，2007(6).

量、环境和区域差异四个方面分析了中国创业活动 15 年来的变化与发展，主要研究观察如下。

一、中国创业活动的结构特征

中国创业者中最为活跃的群体是 25～34 岁的青年。创业动机以机会型为主，大部分创业者选择在以批发或零售为主的客户服务业创业，具有高附加值的商业服务业创业比例低。

具体来看，中国超过 30%的创业者为 25～34 岁的青年，18～34 岁的群体约占创业者总数的一半。创业动机分为生存型和机会型两类，平均来看，中国创业活动中机会型动机占到总体的 60%以上，并持续提高。以批发或零售为主的客户服务业是中国创业者选择创业的主要领域，超过 60%的创业者在该行业创业，其次为制造和运输业。

二、中国创业活动的变化趋势

2002—2017 年间，中国低学历创业者比例逐步下降，高学历创业者比例有所提高，收入高的人群创业增多。虽然中国创业失败的比例呈现出下降趋势，但创业者对自己创业能力的认可程度有所下降，恐惧失败的比例逐步提高。

具体来看，中国创业者中初中及以下学历的创业者占比从 2003 年的 14.2%逐步下降到 2017 年的 6.3%。创业者的受教育程度与创业动机显著相关，2017 年未受过正式教育或受教育程度为小学的创业者中，仅 25%的创业动机是机会型创业，而这一比率在本科及以上学历创业者中为 81.8%。2002 年，仅 25.5%的收入高的人群参与创业，而 2017 年，收入高人群创业的比率是 30.5%。

中国终止创业(过去一年内将企业关闭)的比例也呈现下降的趋势，2003 年终止创业的比率为 8%，而 2017 年这一比率约为 2%。同时，中国创业者认为自己具备创业能力的比率有所下降，从 2002 年的 37%下降到 2017 年的 28%。

但是，对创业失败的恐惧比率有所上升，从 2002 年的 25%上升到 2017 年的 41%。导致这一现象的可能原因是随着社会发展和技术进步，成功创业所要求创业者的能力也不断提高，越来越多的创业者认识到自己存在的不足。

三、中国创业活动的质量

2002—2017 年间，中国创业活动的质量在提高，但与 G20 经济体中的发达国家相比，仍存在差距。

创业质量包括创业企业的创新能力、成长性和国际化程度。创业企业的创新能力与企业产品的新颖性和新市场开拓有关。在我国，2006 年顾客认为创业企业提供的产品/服务是新颖的且企业在市场上没有或只有较少竞争对手的比率仅为 7%，2017 年这一比率增长到 27%，高技术创业比率相对更低为 3%。虽然中国创业企业的创新能力有所提高，但无论是创新能力还是高技术创业比例，与 G20 经济体中的发达国家相比仍然落后，也低于 G20 平均水平。

2006 年，中国有超过 40% 的新创企业能提供的就业岗位很少甚至为零，而这一比率 2017 年下降到 1.3%。同时，2006 年可提供 6 个及以上就业岗位的高成长企业比率为 20%，2017 年这一比率增长到 27%。总体来说，中国创业企业创造就业岗位的能力不断得到提升。与 G20 经济体对比，中国高成长创业企业的比例处于 G20 平均水平以上。中国创业企业中约三成拥有海外客户，这一比例与 G20 经济体中的发达国家相比差距明显，如美国创业企业拥有海外客户的比率超过 80%。

四、中国创业环境

中国创业环境在不断改善。有形基础设施、市场开放程度、文化及社会规范等是创业环境中一直表现较好的三方面，而商务环境及专业基础设施、研究开发转移和教育与培训等是中国创业环境中一直表现较弱的方面。

具体来说，有形基础设施是中国创业环境中最好的一环。市场开放程度和文化及社会规范也表现较好。金融支持早期是中国创业环境中较为薄弱的一环，随着天使投资和创业投资在中国的活跃，以及互联网金融和众筹等新形式融资渠道的出现，中国创业活动的金融支持开始改善，已经呈现出较好的表现。政府项目、商务环境及专业基础设施、研究开发转移和教育与培训是表现较弱的方面。其中，中央和地方政府的创业政策表现较好，但其中涉及的高效行政、规范行政和政策优惠等表现还有待改善。创业教育与培训尤其是中小学启蒙教育(鼓励、关注和指导)表现比较弱。研究开发转移的评分不高，研究成果和新技术商业化过程存在障碍。技术获取难，获取后转化速度慢。

五、中国创业活动的区域差异

2002—2017 年间，中国城乡创业活跃程度比较均衡，但城市机会型创业的比例相对高一些。区域创业活动的差距还没有显著缩小。

具体来说，2010 年前农村地区创业活动较之于城市更为活跃，2005 年城市样本中每百名 18～64 岁的成年人口只有 10 名早期创业者，而农村样本的创业者数量是 16 人。2017 年，城市样本中每百名成年人创业者数量是 11 人，而农村样本为 10 人，基本相同。

城市地区创业者中机会型创业的比率为 67%，而农村地区创业者中机会型创业的比率为 61%。

北京、上海、天津、广东、浙江和江苏六地区(以下简称"六地区")和其他地区每万名成年人在过去 3 年中新增的私营企业数量都在增加，但"六地区"的增长更快。2002 年，中国"六地区"的每万人拥有的新增创业企业数为 24 家，其他地区的为 4 家。

到 2017 年，"六地区"每万人拥有的新增创业企业数为 212 家，其他地区为 81 家。造成创业活动区域差异的主要因素是创业文化氛围、产业结构变化、人力资本和技术发展水平。研究表明，私营企业就业人数多、第三产业 GDP 占比高、劳动力人口中本科及以上学历比重高，以及发明专利授权量多，则该地区的创业活动就可能更加活跃。市场需求和人口变化对区域创业活动的影响程度相对较弱。

(资料来源：腾讯教育.全球创业观察 2017/2018 中国报告发布[EB/OL].
https://edu.qq.com/a/20181116/013081.htm,2018-11-16)

第二节　创　业　机　会

一、创业机会的内涵及特征

(一)创业机会的内涵

创业是从发现、把握、利用某个或某些商业机会开始的。所谓创业机会，亦称商业机会或市场机会，是指有吸引力的、较为持久的和适时的一种商务活动的空间，并最终表现在能够为消费者或客户创造价值或增加价值的产品或服务之中。

创业机会可从静态与动态两个角度进行理解。从静态角度来看，创业机会是未明确的市场需求或未得到充分利用的资源或能力，是一组有利于创造新产品、新服务或新需求的环境因素，是各种通过创造性地整合资源来满足市场需求并创造价值的可能性。从动态角度看，创业机会是在新的市场、新的产品或者两者关系的形成过程中，通过创造性地整合资源来满足市场需求并传递价值，是一个不断被发现或创造的动态发展过程[①]。

创业机会一般存在于三种情况：一是在现有产品和服务市场上，去寻找尚未被满足的顾客并启动开发一个新市场，或者发现现有产品的新功能和新用途，并引导人们使用它；二是创造开发，设计生产具有全性能的产品，以满足人们不断变化的需求；三是由于社会分工的演进、专业化所衍生的新市场。创业者应对市场机会进行寻找、发掘、识别，以确定其是否可以成为创业机会。

(二)创业机会的特征

创业机会具备四个基本特征，即吸引力、持久性、时效性、依附于为用户创造或增加价值的产品和服务[②]。

1. 吸引力

创业机会体现于对创业者的吸引力，是一种消费者渴望的未来状态，主要针对潜在消费者而言。没有吸引力的活动即使具有活跃的表现形态，也很难引起创业者的兴趣。

2. 持久性

创业机会一般会持续一定的时间，使得创业者去发现、评价和开发利用。如果这种机会、活动不能持久，创业者很难实现价值创造的过程。

3. 时效性

适时，即把握适当的时机，在这个过程中实现产品或者服务的创造。创业机会必

---

① M. Casson. *The Entrepreneurship: An Economic Theory*[M]. Totowa: Barnes & Noble Books，1982.
② J.A. Timmons. *New Venture Creation: Entrepreneurship for the 21st Century*[M]. 5th ed. New York: McGraw-Hill Companies，1998.

须在有效的时间内加以开发利用。"机不可失，时不再来。"可见，及时把握时机非常重要。

4. 依附于为用户创造或增加价值的产品和服务

创业机会不仅仅是一个创意，它直面消费者的需求，同时表现为具体的某一项产品或服务。

二、创业机会的来源及分类

(一)创业机会的来源

1. 来源于环境变化

著名管理大师彼得·德鲁克(Peter F. Drucker)曾将创业者定义为"寻找变化，并积极反应，把它当作机会充分利用起来的人"。变化就是机会，环境变化是创业机会的重要来源。尤其是在今天这个"唯一能够确定的就是不确定性"的复杂动态环境中，蕴藏着各种良机。例如，产业结构调整所带来的新产业发展契机、顾客消费观念转变所带来的新商机等。其变化主要包括宏观经济政策和制度变化、产业经济结构变化、社会和人口结构变化、价值观与生活理念变化、竞争环境变化、技术变革等。

2. 来源于顾客需求

无论环境是否变化，创业机会源于顾客需求都是永恒的真理。因此，创业机会必定来源于顾客真正想要解决的问题、顾客生活中感到非常头疼的问题、顾客新增的需求等，而这一切或许是顾客明确的需求问题催生出的新创业机会，或许是被人忽略的"蓝海"市场引发的创业机会，又或许是创业者挖掘出顾客的潜在需求而产生的创业机会。

3. 来源于创新变革

每一个发明创造，每一次技术革命，通常都会带来具有变革性、超额价值的新品和新服务，能够更好地满足顾客的需求，伴随而来的则是无处不在的创业机会。一方面，创新变革者本身凭借长期积累的技术优势、创新实力，自然会产生来之不易的创业机会；另一方面，即使不是变革者，只要善于发现机会，同样可以抓住创业机会，成为受益者。

4. 来源于市场竞争

在分析竞争对手时，我们通常都会对自己与竞争对手之间的优势与劣势进行比较分析，目的是采取扬长避短或者差异化的策略，进而更好地满足顾客需求，拓展市场。因此，在市场竞争过程中，如果你能够针对竞争对手的不足，将自己的优势充分发挥出来或者采取差异化的产品或者服务方案，为顾客提供更具价值的产品或者服务，那么，你就找到了竞争夹缝中的绝佳创业机会。

拓展阅读

德鲁克：创新机遇的七种来源

一、意外之事

(1) 意外的成功。与其他成功的方式相比，意外的成功能提供更多的创新机遇，并且，它所提供的创新机遇风险最小，求索的过程也最顺利。但意外的成功几乎完全被忽视，更糟糕的是，管理人员往往积极地将其拒之于门外。

(2) 意外的失败。与成功不同的是，失败不能够被拒绝，而且几乎不可能不受注意。但是它们很少被看作是机遇的征兆。当然，许多失败都是失误，是贪婪、愚昧、盲目追求或者设计或者执行不力的结果。但如果经过精心设计、规划及小心执行之后仍然失败，那么这种失败常常反映了隐藏的变化，以及随变化而来的机遇。

二、不协调

所谓"不协调"是指事物的状态与事物"应该"的状态之间，或者事物的状态与人们假想的状态之间的不一致、不合拍。也许我们并不了解其中的原因，事实上，我们经常说不出所以然来。但不协调是创新机遇的一个征兆。引用地质学的术语来说，它表示下面有一个"断层"，这样的断层提供了创新的机遇。它产生了一种不稳定性，四两可拨千斤，稍作努力即可促成经济或社会形态的重构。

三、程序需要

与意外之事或不协调一样，它也存在于一个企业、一个产业或一个服务领域的程序之中。程序需要与其他创新来源不同，它并不始于环境中(无论内部还是外部)的某一件事，而是始于需要完成的某项工作。它是以任务为中心，而不是以状况为中心的。它是完善一个业已存在的程序，替换薄弱的环节，用新知识重新设计一个旧程序等。

四、产业和市场结构

产业和市场结构有时可持续很多年，从表面上看非常稳定。实际上，产业和市场结构相当脆弱，受到一点点冲击，它们就会瓦解，而且速度很快。产业和市场结构的变化同样也是一个重要的创新机遇。

五、人口变化

人口变化是指人口规模、年龄结构、人口组合、就业情况、教育情况及收入的变化等。人口变化在所有外部变化中最为一目了然。它们丝毫不含混，并且能够得出最可预测的结果。

六、认知的变化

从数学上说，"杯子是半满的"和"杯子是半空的"没有任何区别。但是这两句话的意义却完全不同，造成的结果也不一样。如果一般的认知从看见杯子是"半满"的变为看见杯子是"半空"的，那么这里就存在着重大的创新机遇。

七、新知识

基于知识的创新是企业家精神的"超级巨星"。它可以得到关注，获得钱财，它是人们通常所指的创新。在创造历史的创新中，基于知识的科技创新占有很重要的分量。当然，基于知识的社会创新也同样甚至更重要。然而，并不是所有基于知识的创新都非常重要，有些的确微不足道。

(资料来源：叶敏，谭润志，杨荣. 大学生创新创业教育[M]. 上海：上海交通大学出版社，2016)

(二)创业机会的分类

根据不同的标准，创业机会有不同的分类。从环境变化来看，创业机会可以分为技术型机会、市场型机会和政策型机会。技术型机会，即技术变化带来的创业机会，主要来源于新的科技突破和社会的科技进步。通常技术上的任何变化或多种技术的组合，都可能给创业者带来某种商业机会。市场型机会，即市场机会或市场变化产生的创业机会。政策型机会，即政府政策变化赋予创业者的商业机会。随着经济发展、技术变革等，政府必然也要不断调整自己的政策，而政府的政策变化可能会给创业者带来新的商业机会。

从创业机会的形成过程来看，创业机会又可以分为问题型机会、趋势型机会、竞争型机会及组合型机会。问题型机会是指由现实中存在的某些未被解决的问题而产生的一类机会。趋势型机会是指由于不断变化的环境而造就的市场空间。把握趋势型创业机会的关键在于对时机的把握。竞争型机会是指能够利用竞争对手的弱点和空白点弥补他们的缺陷和不足，并将其转化为自己事业的一类创业机会。组合型机会是将现有的两项以上的技术、产品、服务等因素组合起来，以实现新的用途和价值而获得的创业机会。

拓展阅读

代万辉：健康管理传教士
—— 创业不是做技术，而是要解决现实生活中的问题

现在软件工程师很多，硬件工程师不少，懂医学的人也不难找。但三者都通的呢？应该很罕见吧？37健康的创始人代万辉，就是这样一位少见的"全才"。代万辉，80后，北京航空航天大学研究生，本科学自动化，硕士学的是软件，同时，对医学也有比较深的了解。"全才"很谦虚，觉得自己只是因为机缘巧合，学了需要学的东西，做了该做的事情而已。背后的努力和对亲人的爱，都融在了他对37健康的执着里。

创办37健康，是为了解决目前迫切需要解决的慢性病管理问题。只要能解决这一问题，代万辉愿意做任何事情。"如果健康管理是一种信仰，37健康就是传教士。"代万辉说。

37健康成立于2013年4月，是一个慢性病管理健康服务平台，以高血压为切入点，致力于提供全方位的慢性病管理服务。目前有基于移动终端的血压计硬件和配套的"血压管家"软件，通过软硬件结合的方式采集用户血压数据，为患者提供体贴、

便携、可视化的健康监测和管理。此外，还有针对用户群和用户习惯精准推荐线下健身、医药等服务。

为爱跨界

代万辉还在读本科时，外婆不幸得了偏瘫，每天只能躺在床上，连翻身都非常困难。看着以前那么疼爱自己的外婆这么痛苦，他非常心疼。"我得为外婆做点什么！"于是，学自动化专业的他开始研究医学，研究辅助康复方法，希望能减轻外婆的痛苦。经过反复探索，代万辉最终研制出了一款康复床，能让病人躺得更舒服，翻身更容易，也让家人照顾起来更方便。

代万辉发现，像外婆这样的病人非常多，他们长期卧床，不能翻身，时间久了皮肤会溃烂，长褥疮。一个病人瘫在床上，全家揪心。对外婆和类似患者的爱使代万辉的研究更加深入，考虑更加全面，设计更加精准，后来有机会参加比赛，"外婆康复床"的设计一举获得全国一等奖！

爱是研发的初衷，获奖是肯定，更是鼓励，这也影响了代万辉的未来职业规划，为他后来的事业指明了方向。

本科学自动化专业，因外婆的病研究医学，"康复床"获奖后发现自己计算机水平不够，代万辉就去读了软件研究生，这样他成了少有的横跨软件、硬件、医学三界的人才。读研和工作期间他参与的项目也与慢性病管理和康复有关，加上一直以来对健康事业的热情，代万辉创办37健康，也是水到渠成的事。

为解决问题而创业

国内现有 3.3 亿高血压患者，高血压是慢性病，需要长期观察。因为缺乏有效的工具，很多老人每天测量的数据不知如何管理，他们甚至不懂这些数据代表什么。如果是空巢老人，要做到随时监测自己的血压就更难了。

大量市场调研结果表明，研发一种帮助患者管理测量数据的工具势在必行，它的需求量太大了！

代万辉就是命运之神选定的来完成这个使命的人。在北航期间做有关医疗服务机器人的研究时，他关注的正是家庭健康数据管理，如血压管家软件和硬件如何处理血压、血糖等数据。

在创新工场工作时，他又有很多机会接触到手机端。代万辉想，手机不就可以作为一种管理手段吗？手机与用户进行绑定，利用手机端管理血压、血糖等健康数据，测量后自动将数据上传到云端，然后由医生监控，并随时在线为患者服务。同时，子女可以随时随地通过云端数据了解父母的身体状况。人们需要的正是这样专业贴心的服务！

"血压管家"应运而生。这是一款为满足众多患者切实需要而设计的实用、专业、贴心的健康管理工具。

创业是要解决问题的。代万辉看到了一个迫切需要解决的问题，而他，正是解决这个问题最合适的人选。没有过多地考虑和犹豫，代万辉拿出当年给外婆研究康复床的热情，义无反顾地加入到了移动医疗行业中来。"当时不知道这个行业的诸多困难和限制。也许，正因为'无知者无畏'，我才敢接受来自各方面的挑战。"虽然"永远不知道前面的坑在哪儿"，但他始终不忘自己要解决难题的初衷，困难一个一个克服，一步一步坚实地走下去。

记者问他在什么样的情况下会放弃这个项目？

他回答："这件事情没有需求了，或无法满足大家的需求时，会放弃这件事情，转去研究其他事情。"

这也是创业者的共同特征之一吧。困难从来不是让他们放弃的理由，只会更加激发他们的斗志。最终让他们转向的，永远是社会需求的变化，他们永远在思考如何解决问题，满足需求。即使这件事不行，他们也一定会在其他地方，再次光芒四射。

最难的是放弃

记者问代万辉创业的优势是什么，本来猜想的答案是他横跨三界的技术，谁知他却说这反倒成了他最大的问题。为什么呢？

因为创业不是做技术，而是要解决一个现实生活中的问题，不是有个平台给你，你把代码写得更好就行，而是要把现有的问题解决掉。解决问题需要的不仅是技术，而是各种能力的组合。

公司发展不能在运营方面偏弱，整个团队不能有明显的短板。为此，代万辉强迫自己放弃强项，学习短板。在他看来，整个团队最大的短板就是做技术做得太久了，强迫自己不按照技术思维去思考是很难的。他只能强迫自己不去碰技术，估计刚开始会有想剁手的冲动吧。

"当你意识到技术并不是创业成功的唯一的一环，只有所有环节都跟得上才行时，你就会强迫自己转变思路，跳出怪圈。"

最难的是放弃，放弃你所擅长的东西。

能否为做一件事，放弃一些东西，甚至是你一直引以为傲的东西，这是对你最大的考验。

代万辉做到了，本来性格比较内敛的他，变得外向了很多。现在，管理、销售、运营、法务、医疗器械、医院供销体系、医疗政策、医疗服务体系……他都了解。

做什么取决于解决问题需要什么，而不是自己喜欢或擅长什么。

创业需要全才，他就变成了全才。

没有了短板，公司才能更快更好地发展。

(资料来源：北京中海投资管理有限公司，中关村创新研修学院. 中关村"创客军团" [M].
北京：中国经济出版社，2016)

三、创业机会的识别

创业始于创业者对创业机会的识别和把握。创业机会的识别，一是要从大量"貌似创业机会"的机会中，发现真正的创业机会，二是要从数个真正的创业机会中，发现对于特定创业团队最具价值的创业机会。

(一)创业机会的识别内容

1. 创业机会的原始市场规模

创业机会的原始市场规模是指创业机会形成之初的市场规模。它决定了创业企业在创业初期可能销售的规模，也决定了利润的多少。因此，分析创业机会的原始市场规模十分重要。

2. 创业机会存在的时间跨度

任何创业机会都有时限，超过这个时限，创业机会将不存在。不同行业的创业机会存在的时间跨度是不一样的，同一行业不同时期的创业机会存在的时间跨度也不一样。时间跨度越长，创业企业用于抓住机会、调整自身发展的时间就越长；相反地，时间跨度越短，创业企业抓住机会的可能性就越小。

3. 创业机会的市场规模随时间增长的速度

创业机会的市场规模随时间增长的速度决定着创业企业的成长速度。一般情况下，它们之间成正比，即市场规模增长得越大、增长的速度越快，相应的创业企业的销售量越大，并且销售量增长的速度也越快。创业机会带来的市场规模总是随时间变化而变化的，而随之带来的创业风险和利润也会随时间变化而变化。

4. 创业机会是否是好机会

即使创业机会有较大的原始市场规模，存在较大的时间跨度，市场规模也随着时间以较快的速度增长，创业者也要对该机会作进一步的评价，看它是不是好的机会。杰夫里·A.第莫斯教授在《21世纪创业》中认为好的创业机会应具备以下四个特征：一是它很吸引顾客；二是它能在商业环境中行得通；三是它必须在机会存在期间被实施；四是需要拥有创业机会所需要的资源和技能。

5. 创业机会是否具有可实现性

创业者是否能利用这一创业机会，要看创业者是否具备以下条件：拥有利用该创业机会所需要的关键性资源；遇到较大的竞争力量能与之对抗；能够创造新市场并占领大部分新市场；可以承担创业机会带来的风险等。

(二)创业机会识别的影响因素

影响创业机会识别的因素有先前经验、认知因素、社会关系网络和创造性。

1. 先前经验

先前经验是指在特定产业中的先前经验，这将有助于创业者识别机会。一方面是产业经验，在某个产业工作，个体可能识别出未被满足的利基市场；另一方面是创业经验，有创业经验的创业者会很容易发现新的创业机会。

2. 认知因素

认知因素，即对机会的认识和识别。有些人认为创业者的第六感使他们能看到别人错过的机会。多数创业者比别人更警觉，在很大程度上是一种习得性的技能。拥有某个领域更多知识的人，倾向于比其他人对该领域内的机会更警觉。创业者可能比其他人更擅长估计市场规模并推断可能的含意。

3. 社会关系网络

社会关系网络，即创业者的社会关系网络。个人社会关系网络的深度和广度影响着机会识别。建立了大量社会与专家联系网络的人，比那些拥有少量网络的人容易得到更多机会和创意。按照关系的亲疏远近，社会网络关系可以划分为强关系与弱关系。强关系以频繁相互作用为特点，形成于亲戚、密友和配偶之间；弱关系以不频繁相互作用为特点，形成于同事、同学和一般朋友之间。而创业者通过弱关系比通过强关系更可能获得新的商业创意。在弱关系中，个体之间的意识往往存在着较大差异，某个人可能会对其他人说一些能激发全新创意的事情。

4. 创造性

创造性是产生新奇或有用创意的过程。机会识别是一个创造过程，是不断反复的创造性思维过程。创造性包含在许多产品、服务和业务的形成过程中。创造性思维很难找准定位，但有时它又非常具体，几乎每家创业企业都希望能尝试一些创新。在不同的现实背景下，那些具有前瞻性思维的创业者，不仅其自身就具备了一些高效的创造性思维习惯，而且早已把培养创造性思维的文化潜移默化地融入了自己的企业之中。

第三节　教育行业的创业环境与机会

在互联网发展的浪潮下，尤其是移动互联网时代，教育信息化得以快速发展，推动了我国智慧教育市场规模的不断扩大。智慧教育是指在教育领域全面深入地运用现代信息技术来促进教育改革与发展的过程。其技术特点是数字化、网络化、智能化和多媒体化，基本特征是开放、共享、交互、协作。相关数据显示，2018 年中国智慧教育市场规模约为 5320 亿元，同比增长 17.13%。以教育信息化促进教育现代化，用信息技术改变传统教学模式，智慧教育将是未来教育行业发展的主要方向。

一、教育行业的创业环境

(一)政策环境

国家十分重视智慧教育产业的发展，从各个维度出台政策支持智慧教育产业发展，营造了良好的创业环境(见表 6-1)。2017 年 1 月，国务院印发《国家教育事业发展"十三五"规划》，指出研究制定中小学生学科素质标准，充分利用各类社会科技教育资源，大力开展校内外相结合的科技教育活动，加强对学生科学素质、信息素养和创新能力的培养。2017 年 3 月，在线教育首次出现在政府工作报告中后，在以往政策红利的基础上成为政策鼓励的热门领域，发展前景被市场广泛看好。2018 年 4 月，教育部印发《教育信息化 2.0 行动计划》，开启了教育信息化新一轮的发展阶段，并首次提出智慧教育示范区试点建设项目。

表 6-1　近年来国家层面支持智慧教育发展的主要政策

时　间	颁发机关	政策名称
2015 年 7 月	国务院	《关于积极推进"互联网+"行动的指导意见》
2016 年 6 月	教育部	《教育信息化"十三五"规划》
2017 年 1 月	国务院	《国家教育事业发展"十三五"规划》
2017 年 7 月	国务院	《新一代人工智能发展规划》
2017 年 10 月	教育部	《中小学综合实践活动课程指导纲要》
2018 年 1 月	教育部	《普通高中课程方案和语文等学科课程标准》
2018 年 4 月	教育部	《教育信息化 2.0 行动计划》
2018 年 4 月	教育部	《高等学校人工智能创新行动计划》
2018 年 8 月	教育部办公厅	《关于人工智能助推教师队伍建设行动试点工作的通知》
2019 年 3 月	教育部	《2019 年教育信息化和网络安全工作要点》
2019 年 3 月	教育部	《关于实施全国中小学教师信息技术应用能力提升工程 2.0 的意见》

(二)经济环境

1. 国家财政性教育经费投入规模不断增长

近年来，我国财政性教育经费投入规模不断增长。2017 年，国家财政性教育经费为 34207.75 亿元，比 2016 年增长 8.95%。同时，自 2010 年以来，国家财政性教育经费占 GDP 的比重也在逐步提高。2010 年，国家财政性教育经费占 GDP 比率为 3.1%；2012 年首超 4%，为 4.30%；之后都维持在 4%以上，政府对教育事业的投入力度有所加大。

2. 居民人均教育文化娱乐支出占比大

当前，人们对教育越来越重视，在教育文化方面的支出也越来越多。2017 年，中国居民消费结构情况：人均教育文化娱乐支出 2086 元，占人均消费支出的比率为 11%；人均居住消费支出 4107 元，占人均消费支出的比率为 22%；人均交通通信消费支出 2499 元，占人均消费支出的比率为 14%(见图 6-2)。

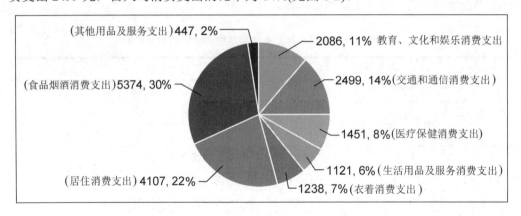

图 6-2　2017 年中国居民消费结构情况

(三)社会环境

随着互联网及智能移动终端的发展，更多的人拥有上网的机会，因此，每一个网络用户都是在线教育的潜在群体，在线教育的使用群体将会越来越大。第 43 次《中国互联网络发展状况统计报告》数据显示：截至 2018 年 12 月，我国网民规模为 8.29 亿人，上半年新增网民 5653 万人，互联网普及率达 59.6%，较 2017 年底提升 3.8 个百分点(见图 6-3)。截至 2018 年 12 月，我国手机网民规模达 8.17 亿人，全年新增手机网民 6433 万人；网民中使用手机上网人群的占比由 2017 年底的 97.5%提升至 2018年底的 98.6%，网民手机上网比例持续攀升(见图 6-4)。互联网及移动互联网的快速发展为在线英语教育的发展提供了良好的技术环境基础和用户基础，网民推动在线教育用户快速增长。

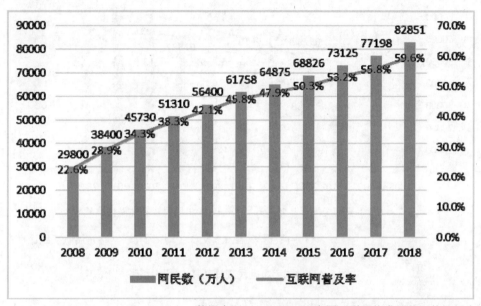

(数据来源：CNNIC，《中国互联网络发展状况统计报告》)

图 6-3　中国网民规模和互联网普及率

(四)技术环境

在教育行业快速发展的时代，教育与科技的结合是必不可少的。《5G 智慧校园白皮书》提出了教育教学、教育管理、校园生活、雪亮校园、教育评价、5G 特色应用六大智慧教育应用场景及解决方案，将通过利用 5G、云计算、大数据、人工智能等信息技术手段，全面赋能智慧校园建设。

人工智能在教育领域的落地应用是大势所趋。目前，教育行业已经面世的智能产品包括拍照搜题、分层排课、口语测评、组卷阅卷、作文批改、作业布置等，涉及了语音识别、计算机视觉、知识图谱、自然语言处理、机器翻译等多项人工智能技术，正在创造着更加个性化、更加高效的智能学习环境。但目前的应用场景只停留在学习过程的辅助环节上，越是外围的学习环节，越先被智能化，越是内核的学习环节，越晚被智能化。未来随着教育测量和人工智能技术的进一步发展，人工智能有望逐步渗透到教学的核心环节，从根本上改进用户的学习理念和学习方式。

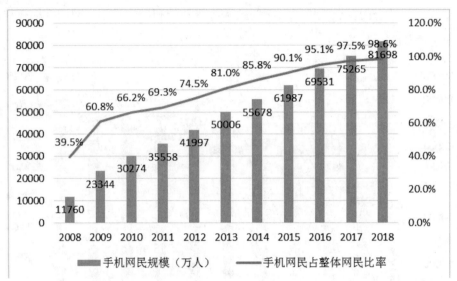

（数据来源：CNNIC，《中国互联网络发展状况统计报告》）

图6-4　中国手机网民规模及其占网民比率

二、教育行业的创业机会

在政策、资本、技术的推动下，未来教育行业有以下五大发展趋势。

1. 教育网络化是大势所趋

百度、腾讯、阿里巴巴等互联网巨头早已竞相进军教育培训行业，将"互联网+教育"做得风生水起，树立了行业标杆。如今，这股热潮不降反升，除传统的新东方、巨人教育等公司主动转型外，各种在线教育新锐公司也是层出不穷，受到了资本的热烈追捧。线上的用户不断增加，用户的边界不断扩大，未来教育向网络化发展是大势所趋。

2. 幼儿教育市场发展潜力巨大

据专家预测，二胎政策放开将带来每年 500 万～600 万的新增出生人口，这将带来千亿的消费市场，充分打开了幼儿教育市场巨大的发展空间。"不让孩子输在起跑线上"的观念仍然牢牢占据着家长心智。教育支出在中国已经超过其他生活费用成为仅次于食物的第二大日常支出，很多家长甚至愿意为了孩子的教育投资下"血本"。随着 80 后、90 后等年轻一代陆续升级为父母，教育培训市场逐渐向着幼儿化和素质教育方向发展。

3. "人工智能+教育"带来新的发展机遇

人工智能将为教育行业带来两大变化，一是提升教学效率，二是从根本上改变教育的方式。互联网与教育的融合突破了时间和空间限制，让优质教育资源得以科学配置与整合，而人工智能教育将是互联网教育的高级阶段，依托于现有的创新积累，互联网教育终将大规模成体系地进入智能教育时代[①]。"人工智能+教育"的趋势，如今已然可见，而百度、科大讯飞等也纷纷开始了在人工智能领域的探索。

4. 个性化教育备受推崇

"一对一个性化教育"辅导是当下教育现实的产物，是当代教育改革与发展的一个基本方向，其实质是倡导个性化教育或个性化教学，力图创造适合每个孩子的教育方式。尤其是具备一些经济能力的家长，更希望孩子受到一对一的优质教育，个性化教育将备受推崇。

5. 在线教育市场前景可期

在很大程度上，在线教育是随着移动互联网浪潮而发展起来的，因为移动互联网创造了跨时空的生活、工作和学习方式，也使知识获取的方式发生着根本性的变化。2018 年，是在线教育飞速发展的一年，同时是在线教育不断规范化的一年。在线教育规范化发展要求及严峻的经济形势对在线教育行业产生了一定的冲击，同时带来了新的发展机遇。在线教育与 AI、VR、AR 等技术的结合，未来会给教育行业带来更大的想象空间，预计 2020 年中国在线教育用户规模达 2.96 亿人。

未来在线教育发展有四大趋势：一是以互联网、云计算、大数据、人工智能等为

---

① 张利娟. 追逐在线教育风口[J]. 中国报道，2017(11)：74～75.

代表的信息技术在教育领域中的应用会越来越广泛；二是在线教育市场不断下沉，三、四、五线城市用户的渗透率不断提升；三是应试教育逐步向素质教育转变；四是在线职业教育的培训市场逐步扩大。

大学生创业者可以通过把握教育行业发展的趋势，寻找创业机会。无论是幼儿教育、人工智能+教育、在线教育，还是个性化教育等，都存在着大量的需求，这些都将会给大学生带来极大的创业机会。

本章回顾

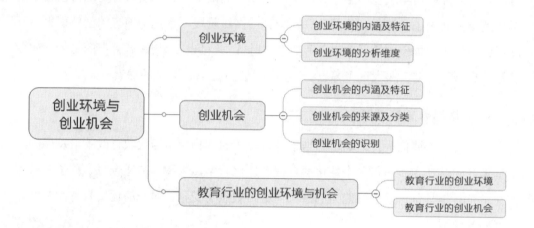

思考与练习

1. 创业环境的分类有哪些？

2. 创业环境分析的维度有哪些？我国的创业环境有哪些优势和劣势？

3. 创业机会的来源与类型有哪些？

4. 教育行业的创业机会表现在哪些方面？

第七章

商业模式与创业计划书

内容提要

每个创业者想要获得更多的利益，在创业时就要考虑自己的商业模式，如何进行设计可以获得更多的投资。本章节主要介绍商业模式的定义、商业模式的价值逻辑和经典的商业模式；商业模式画布的定义及构成要素；创业计划书的定义、作用及其基本内容，撰写计划书的注意事项。本章的主要学习目标是让大学生了解商业模式与创业计划书，对于今后想创业的大学生来说，有一定的借鉴和指导意义。

名人名言

当今企业间的竞争不是产品间的竞争，而是商业模式之间的竞争。

——彼得·德鲁克

案例导入

CCtalk 的商业模式

沪江为巩固在线教育的行业地位，抢占知识付费的新兴市场，于2016年10月搭建新平台 CCtalk。

区别于沪江自营的教育垂直课程平台，CCtalk 属于综合性在线知识学习平台。平台本身不生产内容，由入驻平台的第三方教育机构或网师进行授课，授课内容涵盖知识、兴趣、社交、实用技能等更加多元化的内容。

工具上，CCtalk 拥有全面的工具配备，通过"直播+录播+互动"方式还原真实课堂教学场景，双向视频、双向白板、课件播放、举手提问、桌面分享等教学工具保证了师生双方充分的沟通交流。

另外，CCtalk 还整合了沪江旗下的题库、听力、背词、词典等辅助学习工具。

内容上，CCtalk 涵盖了语言学习、职业教育、文化艺术、中小幼教育等多个细分领域的课程。

师资上，类似名师周思诚等各领域知名老师和机构不断入驻平台，如图7-1所示。

图 7-1　CCtalk 在网师端与学生端的服务体系

不到一年时间，凭借"平台+工具+运营"三位一体的优势，CCtalk 的版图迅速扩大(见图7-2)。

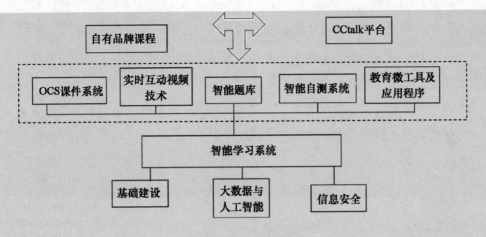

图 7-2 CCtalk 版图

新 CCtalk 业务自推出以来发展迅速，收费课程由 2016 年 3 个月的 459 门增加到 2017 年全年 5989 门，付费用户从 20922 人增长到 255298 人，平台商户和自雇网师数量从 2016 年的 992 人、11831 人增长到 2017 年的 2187 人、41534 人。

粗浅的分析数据：以 2017 年数据为基准，1 名老师对应 6 个左右付费学生，人均付费 923 元，平均每个教师年均课程收入不足 6000 元。

根据招股书披露： CCtalk 的营收包含三类，即销售总额分成、技术服务费和定制增值服务费。

有媒体报道称："对于网师端用户，按照基础服务的 30%～50%进行收入分成，增值服务则单独收费，如教研支持、技术工具定制、营销广告等。"但是我们在招股书及 CCtalk 官方中并没有发现出处，从其他渠道了解到能够分成 30%的商户或讲师，CCtalk 往往会提供单独的运营支持。

不同于其他主要依靠课时费抽成来营利的教育平台，CCtalk 已经在探索营利的方法上迈出了一步。自 2016 年 10 月 CCtalk 正式推出以来，一年内即实现盈利。截至 2017 年底，CCtalk 平台挂网课程全站交易净额 2.357 亿元，平均月活用户 230 万人，付费用户数约 25.5 万人。

在线教育中互联网只是一种工具和媒介，其本质依旧是教育。我们都知道学习是一个不可逆的过程，它不像其他的产品或许有很多重评判的标准，学习的结果往往是唯一的评判标准。

在未来，相信课程供应的数量和质量一定会有更大的提升，基于人工智能和大数据去匹配每个个性化的学生。大量的数据积累，一定会形成质变反哺学习模型，而越来越完善的学习模型也会吸引越来越多的学生进行学习，从而再次累积更多数据，形成良性循环。

然而，人工智能完全取代教师是比较困难的，同时教师的角色也会变得更加多元化，不仅仅局限于教授过程也可以更多地参与教务工作去做学习系统场景设计，以及个性化辅导。

（资料来源：https://mp.weixin.qq.com/s/0aRQbsYxUzwf413CQxIYIw）

 思考

CCtalk 的商业模式是什么？

第一节　商业模式

一、商业模式的定义

商业模式是以价值创造为核心的，描述了创业企业创造价值、传递价值和获取价值的基本原理，是企业为了最大化企业价值而构建的与其利益相关者的交易结构。

二、商业模式的价值逻辑

商业模式的价值逻辑是基于企业战略产生的，从内外部环境、市场、资源、产品/服务、价值主张等开始。

(一)价值发现

价值发现是基于企业愿景目标，通过内外部环境的 SWOT 分析，对企业的战略进行定位，进而利用核心优势创造市场价值的过程，价值发现是建立在对客户进行精准分析上的关注客户、思维创新、合作共赢、资源整合等。价值发现主要立足于发现市场需求，深入分析企业的价值链环节和客户需求，判定企业的利润分布和市场容量，分析产品/服务的市场价值。

(二)价值主张

价值主张是公司通过其产品和服务所能向消费者提供的价值。一个能被参与者理解且接受的价值主张应该能使每一个参与者都增加其经济效用。价值主张的阐释必须清楚、准确。如果价值主张表述得太复杂，会使得顾客在购买的时候产生犹豫。价值主张必须深刻理解客户及其偏好，必须是真实的、可信的、独特的，具有销售力。价值主张的渗透力越强，就越能打动消费者的心，通过产品或服务创造价值就越持久。戴尔公司成功的关键就在于按订单制造和个性化定制的价值主张。

(三)价值创造

产品研发与制造或服务是公司价值创造的核心。越来越多的顾客开始参与公司的价值活动，无论产品开发还是提供服务，顾客参与都是价值创造的重要来源。商业模式的价值创造主要在于便捷性、成本低廉、新颖性、用户黏性、创新性。

(四)价值管理

价值管理本质上是一种管理模式、一整套指导原则，是一种以促进组织形成注重内外部业绩和价值创造激励的战略性业绩计量过程。价值管理能够传递落实公司的愿景，制定公司员工守则、工作信条等方法，通过团队激励和价值优化等核心内容，沟通组织内外部，凝聚组织与个人目标成为共同信念，提高组织成员与顾客满意度，增强组织持续竞争力。价值管理取决于企业价值和企业的经营目的。

(五)价值分配

价值分配是资源与活动的分配。价值分配是为了企业资源和能力的有效配置和协同发展。价值分配涉及价值链的各个环节，涵盖了企业的整个运营流程。价值分配能有效地整合价值网络中的各种资源，实现资源的最佳利用，促进网络价值创造活动，实现产品优化。价值分配以利益相关者需求满足和合作共赢为目标，以利益相关者价值网络构建为核心，通过对资源和活动的有效整合与分配，建立合作共赢的价值网络体系。

(六)价值实现

价值实现是指企业创造的价值被市场认可并接受，完成要素投入到要素产出的转化。价值实现主要依靠一系列商业策略来完成。微利时代的到来使得企业需要依靠独特的价值主张来吸引更多的用户获取利润。

三、经典的商业模式

(一)平台模式

平台模式更多是指多边平台模式，是将两个或更多有明显区别但又互相依赖的顾客群体集合在一起，通过促进客户群体之间的互动来创造价值的商业模式。多边平台是连接各方客户的中介，其成功的关键是必须能同时吸引和服务所有的客户群体一起来创造价值。例如，"淘宝网"连接了商家、消费者、广告商、金融机构等多方参与者，同时满足这些参与者的资金安全及信息分析的需要，因而获得了巨大的成功。多边平台需要不断吸引更多用户的参与并使平台价值得到提升，从而吸引更多的参与者加入来提升平台价值。

拓展阅读

网易云课堂的平台战略

网易云课堂是网易公司打造的在线实用技能学习平台，该平台于 2012 年 12 月底正式上线，主要为学习者提供海量、优质的课程，用户可以根据自身的学习程度，自主安排学习进度。其已经发展成为国内最大的在线知识和使用技能型平台。

网易云课堂立足于实用性的要求，网易云课堂与多家教育、培训机构建立合作，课程数量已达 4100 门以上，课时总数超 50000 课时，涵盖实用软件、IT 与互联网、外语学习、生活家居、兴趣爱好、职场技能、金融管理、考试认证、中小学、亲子教育等十余大门类。

网易云课堂是一种平台模式，它采取"自由+投资"模式形成教育淘宝，它的商业模式分为两种，一种是纯第三方课程，平台以服务形式参与分成，另一种是自营课程，由讲师或机构进驻平台，同时参与一定的分成。

（资料来源：https://www.iyiou.com/p/62603.html）

(二)长尾商业模式

长尾商业模式是指企业由向大量用户销售少数产品到销售满足庞大类别客户的需求产品的转变，而每种产品都只产生小额销售量，简单来说就是多样少量的商业模式。该商业模式有两个核心点：第一是多样、少量，品种非常多，但每个品种的量少；第二是产品能够满足不同的细分市场，而每个细分市场的需求量不高。

例如，豆瓣网它是定位于小众市场上的读书人，将分布在图书长尾的人群，按照"物以类聚，人以群分"的原则，分成各小段细分空间，帮助人们进行个性化选择。每个细小的兴趣空间所涉及的图书都是冷门，但在这一细分局部，它们是最大的关注焦点。豆瓣网上广受关注的内容，多半不是畅销榜上的热门，但通过这个平台，人们的视野从热门商品转向小众商品，形成它们备受推崇的"发现"功能。

拓展阅读

豆瓣的长尾模式

豆瓣的发起者杨勃发现，对多数人做选择最有效的帮助，其实大都来自亲友和同事。随意的一两句推荐，不但传递了他们自己真实的感受，也包含了对你口味的判断和随之进行的筛选。他们不会向单身汉推荐育儿大全，也不会给老妈们推荐《赤裸特工》。遗憾的是，你我所有的亲友加起来，听过、看过的仍然有限。并且，口味最类似的人却往往是陌路。

2005 年 3 月 6 日，豆瓣正式上线。

豆瓣擅长从海量用户的行为中挖掘和创造新的价值，并通过多种方式返还给用户。凭借独特的使用模式、持续的创新和对用户的尊重，豆瓣被公认为中国极具影响力的 Web2.0 网站和行业中具有良好口碑和发展潜力的创新企业。豆瓣主要盈利模式是品牌广告、互动营销，以及不断建设和增长的围绕电子商务行业的渠道收入。

在豆瓣上，你可以自由发表有关书籍、电影、音乐的评论，可以搜索别人的推荐。所有的内容、分类、筛选、排序都由用户产生和决定，甚至在豆瓣主页出现的内容也取决于你的选择。

(资料来源：https://www.douban.com/group/topic/4886376/.)

(三)免费商业模式

免费商业模式是至少有一个庞大的客户群体可以享受持续的免费服务，付费客户群体通过该模式给非付费客户群体提供财务支持。

任何销售商或经济学家都会证明：在零价格点所引发的需求，会是一分钱或任何价格所引发需求的许多倍。近年来，免费产品或者服务呈现爆发式增长，尤其是在互联网上。那么，系统性地供应某种免费产品或者服务，你还能赚取客观的收入吗？以下总结归纳了三种免费的商业模式。

1. 直接交叉补贴

企业对核心产品、利润最高的产品进行收费，对一些附加、延伸产品进行让利、赠送。例如，客户可以从移动、联通或电信，免费直接获得一部手机，前提是客户要承诺每月的最低消费。

2. 免费增收

免费增收是基础服务免费和增值服务收费的结合。大部分用户可以免费，小部分用户付费，用来补贴免费服务的成本，只有在服务免费用户的边际成本极低的时候，这种模式才能持续发展。例如，腾讯 QQ 的普通会员是免费的，但想专享高级特权，升级 QQ 功能——游戏等，要付费开通 QQ 超级会员。

3. 第三方付费

第三方付费是指消费者不花钱，生产者也不花钱，由第三方来花钱的商品交换方式。其中第三方付费还包含了生产者的利润。例如，发行商免费给消费者提供信息产品，广告商则向发行商付费。广播节目是免费收听的，电视也是免费收看的。同样地，报纸发行商向读者收取的费用远远低于采编、印刷和分销成本，他们做的事其实并不是将报纸卖给读者，而是把读者卖给广告商。

拓展阅读

微软的免费模式

Windows 系统刚刚进入中国市场时，大多数人都是用盗版，包括 Office 软件，但微软公司一开始并没有严厉封杀，而是采用"睁一只眼闭一只眼"的方式有意纵容盗版扩散。

尽管表面上喊一喊，打一打盗版，但只是虚张声势。

等绝大多数人都接受了 Windows 系统，习惯了使用 Office 软件，等把竞争对手赶出了中国市场，让其没有任何生存空间，微软公司获取了中国市场的垄断地位，成为绝大多数人的唯一选择。

于是微软公司开始搞"正版计划"，首先从政府和大企业入手，通过正版计划迫使一大批机关和企业把过去省的钱吐出来，要不然会面临法律的制裁，这是一种以时间换空间的免费模式。

如果在早期严厉打击盗版，微软就不会形成市场的垄断地位，就没有了后续的生意。

（资料来源：https://www.xkbaba.com/5891.html）

第二节　商业模式画布

一、商业模式画布的定义

瑞士学者和比利时学者最早在《商业模式新生代》一书中提出"商业模式画布"。商业模式画布是用来描述和分析企业、组织如何创造价值、传递价值、获得价值基本原理的工具，又被称为九宫格画布。它是一种用来描述商业模式、可视化商业模式、评估商业模式，以及改变商业模式的通用语言。这种通用语言使得商业模式可视化，可以讨论不同的商业领域，不仅能够提供灵活多变的计划，而且更容易满足用户的需求。更重要的是，它可以将商业模式中的元素标准化，并强调元素间的相互作用。

二、商业模式画布的构成

商业模式画布共包含 9 个要素，分别是客户细分、价值主张、渠道通路、客户关系、收入来源、核心资源、关键业务、重要合作、成本结构。

(一)客户细分

它用来描绘一个企业想要接触和服务的不同人群和组织。在明确的战略业务模式和特定的市场中，根据客户的属性、行为、需求、偏好及价值等因素对客户进行分类，客户细分群体类型包括大众市场、利基市场、区隔化市场、多元化市场和多边市场。需要明确的是：谁是最重要的客户？正在为谁创造价值？

(二)价值主张

它主要用来描绘为特定客户细分创造价值的系列产品和服务。价值主张主要包含这些要素，分别是新颖、性能、定制化、设计、品牌定位、价格、成本削减、风险抑制、可达性和便利性。必须明确地定义目标客户的问题和痛点，提供独特的解决方案，确定企业对客户的实用意义，即企业该向客户传递什么样的价值，企业正在帮助客户解决哪一类难题，企业正在满足哪些客户需求，企业正在提供给客户细分群体哪些系列的产品和服务。

(三)渠道通路

渠道通路是指企业接触客户的各种途径。在此应阐述企业如何开拓市场，这涉及企业的分销策略。主要考虑：如何接触客户？通过哪些渠道可以接触客户细分群体？渠道如何整合？哪些渠道最有效？哪些渠道成本效益最好？如何将渠道与客户的例行程序进行整合？

渠道类型包含自有渠道—直接渠道，合作伙伴渠道—非直接渠道。企业可以选择通过自有渠道、合作伙伴渠道或两者混合来接触客户，其中自有渠道包括自建销售队伍和在线销售，合作伙伴渠道包括伙伴店铺和批发商。

(四)客户关系

客户关系是指企业同其客户群体之间建立的联系，客户关系类型包括个人助理、自助服务、专用个人助理、自动化服务、社区和共同创作，即每个客户细分群体希望企业与之建立和保持何种关系，企业已经建立了哪些关系，这些关系成本如何，如何将它们与商业模式的其余部分进行整合。

(五)收入来源

收入来源是指企业通过各种收入流来创造财富的途径，即什么样的价值能让客户愿意付费，客户是如何支付费用的，客户更愿意如何支付费用，每种收入来源占总收入的比例是多少。

收入来源主要有资产销售、使用收费、订阅收费、租赁收费、授权收费、经纪收费和广告收费等。

(六)核心资源

核心资源是指对企业价值创造和竞争优势形成起到关键性作用的资源、资质等。核心资源类型包括实体资产、知识资产、人力资源和金融资产。重点考虑：企业的价值主张需要什么样的核心资源？企业的渠道通路需要什么样的核心资源？企业的客户关系需要什么样的核心资源？企业的收入来源需要哪些核心资源？

(七)关键业务

关键业务是指企业能够成功运营，确保商业模式可行的业务。主要考虑：企业的价值主张需要哪些关键业务？企业的渠道通路需要哪些关键业务？企业的客户关系需要哪些关键业务？企业的收入来源是什么？

(八)重要合作

重要合作是指企业的商业模式有效运转所需的供应商与合作伙伴的网络，即谁是企业的重要伙伴，谁是企业的重要供应商，企业正在从伙伴那里获取哪些核心资源，合作伙伴都执行哪些关键业务。

合作关系类型包含在非竞争者之间的战略联盟关系，在竞争者之间的战略合作关系，为开发新业务而构建的合资关系，为确保可靠供应的购买方—供应商关系。合作关系的作用是：降低风险和不确定性，可降低以不确定性为特征的竞争环境的风险；商业模式的优化和规模经济的运用，优化的伙伴关系和规模经济的伙伴关系通常会降低成本，并且往往涉及外包或基础设施共享；特定资源和业务的获取，依靠其他企业提供特定服务资源或执行某些行业活动来扩展自身能力。

(九)成本结构

成本结构是指在特定的商业模式运作下所引发的最重要的成本，即什么是企业商业模式中最重要的固有成本，哪些核心资源花费最多，哪些关键业务花费最多。

成本结构的类型包括两种：一种是成本驱动，创造和维持最经济的成本结构，采用低价的价值主张、最大程度自动化和广泛外包；另一种是价值驱动，它专注于创造价值，增值型的价值主张和高度个性化服务通常是以价值驱动型商业模式为特征。

拓展阅读

新东方的商业模式画布

新东方教育科技集团有限公司(NYSE:EDU)，由1993年11月16日成立的北京新东方学校发展壮大而来，总部位于北京市海淀区中关村。作为中国最大的私立教育服务提供商，其培训课程、培训人次和学习中心保有量三项均居全国第一。

目前，集团以外语培训和基础教育为核心，是一家集教育培训、教育研发、图书杂志音像出版、出国留学服务、职业教育、在线教育、教育软件研发等于一体的大型综合性教育科技集团。它有着完美的商业模式画布(见图7-3)，以促进集团不断提升和发展。新东方教育科技集团于2006年9月7日在美国纽约证券交易所成功上市，成为中国内地首家海外上市的教育培训机构。

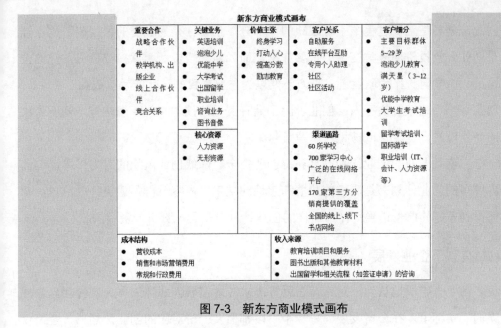

图 7-3 新东方商业模式画布

第三节 创业计划书

一、创业计划书的定义

创业计划书是指创业者计划创立业务的书面摘要。它用于描述与拟创办相关的内外部环境条件和要素特点，为业务的发展提供指示图和衡量业务进展情况的标准，创业计划书通常是市场营销、财务、生产、人力资源等各项计划的综合。撰写一份专业的创业计划书就等于你的创业成功了一半。

二、创业计划书的作用

(一)有利于创业融资

美国著名投资商曾说过："风险企业要人投资或加盟，就像离过婚的女人求婚，而不像和女孩子初恋。双方各有打算，仅靠空口许诺是无济于事的。"对于正在寻求资金支持的企业来说，创业计划书是一张名片。创业计划书的质量，往往决定了投资成败与否。

创业计划书是融资过程中不可或缺的一部分，也可称其为融资的敲门砖。创业计划书是创业者向投资商筹集资金的重要依据，而如何让投资商愿意投资自己创立的公司，这是一门学问。作为创业者，千万不要以为只要项目好，就能融资成功。

创业是一项高风险的行为。创业者除了拥有良好的技术和创业想法外，还要考虑企业的商业模式、资金、市场和管理等问题。

一份完整且专业的创业计划书是获得创业资金、降低创业风险的有力保障。有的创业者撰写的创业计划书是满腔的热情和感性的文字，内容一再强调美好的前景，却对如何得到美好的前景语焉不详，这样的创业计划书是无法吸引投资商的。

(二)有利于企业发展

很多创业者错误地认为，只有存在融资需求时才需要创业计划书，这种观点显然是错误的。实际上，在公司发展的每一个阶段都需要一份对应的创业计划书，它不仅有助于与风险投资商们进行沟通交流，更有助于创业者整理、思考，并确定企业的发展战略和规划。在创业计划书中，创业者要能准确说出企业经营的构思和策略、产品市场需求的规模和成长潜力、财务计划及投资回收年限等，并做好市场和财务的分析预测。

创业者还要明白，创业计划书是为自己而写，不是给老师交作业。创业计划书的撰写不要求语言一定非常练达，也不需要生搬硬套某一固定的创业计划书模板，更不要让别人去代笔，因为别人无法代替你思考，没有人比创业者自己更清楚自己的创业思路和想法。

三、创业计划书的基本内容

一般来说，创业计划书应包含封面、计划摘要、公司介绍、产品(服务)分析、行业分析、竞争分析、人员与组织结构、团队管理、市场预测、营销策略、制造计划、财务规划、融资说明、风险管理、结论、附录。具体内容包括以下方面。

(一)封面

封面设计要有美感和艺术性。一个好的封面会使投资商产生最初的好感，形成良好的第一印象。封面还应有下面这些内容。

(1) 公司名称。

(2) 公司地址。

(3) 联系方式(电话、电子邮箱)。

(4) 公司网址。

(5) 法人代表。

(6) 保密须知(如有需要时可以具体说明)。

(二)计划摘要

计划摘要应是浓缩了创业计划的精华。一般来说，计划摘要涵盖了计划的要点，一目了然，能让投资者在最短的时间内评审计划，并作出判断。计划摘要一般包括以下内容。

(1) 公司介绍。

(2) 管理者及团队成员的优势背景。

(3) 主要产品和业务范围。

(4) 投资事业项目或产品的背景与特性说明。

(5) 市场规模与预期占有率。

(6) 拥有的核心竞争优势。

(7) 营销策略。

(8) 销售计划。

(9) 生产管理计划。

(10) 财务计划。

(11) 资金需求状况等。

摘要要尽量简明、生动，不要长篇大论。要把所创立企业的不同之处和企业获取成功的市场因素展现出来。

(三)公司介绍

这部分的目的不是描述整个计划，也不是提供另外一个概要，而是对即将创立的公司进行介绍。因此，重点是公司理念和如何制定公司的战略目标，要让投资人对所投资的公司有一个大概认知。

(四)产品(服务)分析

产品分析应包括产品的概念、性能及特性，主要产品介绍，产品的市场竞争力，产品的研究和开发过程，发展新产品的计划和成本分析，产品的市场前景预测，产品的品牌和专利等。

具体来说，产品(服务)分析要表明产品(服务)到底是什么，有什么特点，能够给客户带来什么利益。也就是表明如果产品(服务)是创新、独特的，如何让客户有想买的冲动；如果产品(服务)没有特点，为什么别人要买。在产品(服务)分析部分，创业者对产品(服务)做出详细的说明，说明要准确，也要通俗易懂，无论是不是专业的投资人都能明白。一般情况下，还要附上产品原型、照片或其他介绍。

(五)行业分析

所谓行业分析就是正确判断所选行业的基本特点、竞争状况及未来的发展趋势等。关于行业分析的基本问题有以下几个方面。

(1) 该行业发展程度如何？现在的发展动态如何？

(2) 创新和技术进步在该行业扮演着一种怎样的角色？

(3) 该行业的总销售额有多少？总收入为多少？

(4) 价格趋向如何？

(5) 经济发展对该行业的影响程度如何？政府是如何影响该行业的？

(6) 什么因素决定着它的发展？

(7) 竞争的本质是什么？你将采取什么样的战略？

(8) 进入该行业的障碍是什么？你将如何克服？该行业一般的回报率有多少？

(六)竞争分析

当创业者进入一个新市场时，应该先进行竞争分析，竞争有时来自直接的竞争者，有时来自其他行业。因此，当一个新竞争者进入所经营的市场时，竞争分析可以从 5 个方面进行。

(1) 谁是最接近的竞争者？

(2) 他们的业务如何？

(3) 你和他们业务相似的程度？

(4) 你从他们那里学到什么？

(5) 你如何做得比他们好？

(七)人员和组织结构

在企业生产活动中，存在人力资源管理、技术管理、财务管理、作业管理、产品管理等。人力资源管理是企业生产活动中最重要的一个环节。作为创业者，一定要考虑以下几个问题。

(1) 现在、半年内、未来 3 年内的人事需求是什么？

(2) 还需要引进哪些专业技术人才？

(3) 有专业技术的人在哪里？

(4) 是需要全职的还是非全职的人？

(5) 薪水是按月薪还是时薪结算？

(6) 所提供福利有哪些？

(7) 有没有加班费？

对于任何企业来说，人都是最宝贵的资源。在创业计划书中，要对主要管理人员加以阐明，介绍他们所具有的能力，在企业中的职务和责任，过去的详细经历和背景等。此外，还应对公司的结构做一些简要介绍，包括公司的组织机构图、各部门的功能与责任、各部门的负责人和主要成员、公司的薪酬体系、公司的股东名单、公司的董事会成员、各位董事的背景资料等。

(八)团队管理

要在创业计划书中明确管理团队的相关事宜。

(1) 你要了解自己的弱势，创业团队之间如何互补。

(2) 创业团队之间的强弱势如何？彼此间职务及责任如何分工？

(3) 职责是否界定明确？

(4) 除了团队本身，是否有其他资源可分配和取得？

(九)市场预测

市场预测是预测创立企业的产品要卖给谁，先界定目标市场在哪里，客户在什么年龄段？是在既有的市场去服务既有的客户，还是在既有市场去开发新客户？是在新市场去服务既有客户，还是在新市场去开发新客户？

对于不同的市场、不同的客户，都有不同的营销方式。先找到客户，然后想办法，让客户从口袋把钱拿出来买你的东西。因此，在撰写创业计划书时，就要思考以下几个问题。

(1) 真正的客户在哪里？

(2) 产品能给客户带来什么样的利益？

(3) 采取哪种营销方式？

(4) 通路是直销还是寻找经销商？

(十)营销策略

错误的营销策略是企业经营失败的最主要原因之一。在创业计划书中，营销策略应包括以下内容。

(1) 市场机构和营销渠道的选择。

(2) 营销队伍和管理。

(3) 促销计划和广告策略。

(4) 价格策略。

具体来说，要说明产品定位和品牌策略，现在和未来 5 年的营销策略，包括销售和促销的方式、销售通路和销售点的设置方式、产品定位策略、不同销售量水平下的定价方法及广告和销售计划的各项成本，还要说明顾客服务体系建制构想和顾客关系管理的运作方式等。

(十一)制造计划

在创业计划书中，要详细地说明产品制造计划。

(1) 建厂计划，包括厂房地点、设计和所需时间与成本。

(2) 制造流程、生产方法、质量管理方法及制造设备的需求。

(3) 物料需求结构，原料、零组件来源和成本管理，委托外制和外包管理情形。

(4) 产品各项固定成本与变动成本的说明及详细生产成本的预估。

(5) 生产计划，包括自制率、良品率、开工率、人力需求等。

(十二)财务规划

财务规划的重点是现金流量表、资产负债表和损益表的制备。

(1) 流动资金是企业的生产线，因此企业在初创或扩张时，对流动资金需要预先有周密详细的计划和使用过程中的严格控制。

(2) 损益表反映的是企业的盈利状况，它是企业在一段时间运作后的经营结果。

(3) 资产负债表则反映某一时段的企业状况，投资商可以用资产负债表中的数据得到的比率指标来衡量企业的经营状况及可能的投资回报率。

(十三)融资说明

从企业的自身发展出发，说明对未来 3 年内资金的需求及如何满足这些资金需求，可能包括募资、借贷、信用融资等。

创业者还要说明这次融资的资金需求、获利保障或限制条款，说明这次融资前后的股权结构变化，也需要指出一些关键投资人和经营团队在融资前后的股权数量变化情形。融资的使用计划，应尽量明确指出资金的具体用途，未来可能的投资报酬，包括回收方式、时机及获利情形。

(十四)风险管理

经营企业会有一定的风险。在创业计划书中进行风险分析，就是为了确认投资计划可能附随的风险，并以数据方式衡量风险对投资计划的影响，目的是向投资商说明风险的对应策略。

具体来说，创业者有义务告诉投资人公司在市场、竞争和技术方面都有哪些基本的风险，准备如何应对这些风险，并在最好和最坏的情形下，分析未来 5 年计划如何表现等。

如果风险估计不是很准确，则应该估计出误差范围到底有多大。如果可能的话，应对关键性参数做出最好和最坏的设定。

(十五)结论

综合前面的分析和计划，最终说明所创立的企业的整体竞争优势，指出整个创业计划的利益所在，并再次强调投资人投资企业时所能期待的远大前景。

(十六)附录

在创业计划书中，最后部分要列出一些附注材料。比如，能够证实前述各项计划的数据，详细的制造流程与技术方面的数据，各种具有公信力来源的资料，创业者的详细经历和自传等。

当然，在编制创业计划书时，可以根据具体情况安排，有些内容也可以进行整合，一般以 7～10 个组成部分为宜。

 拓展阅读

竞赛适用的创业计划书模板

国家提出创新创业驱动发展战略，鼓励大学生创新创业，因此产生了面向大学生的创新创业大赛，其中最有影响力的是中国"互联网+"大学生创新创业大赛，参与面基本覆盖了全国各个高校。参赛需要一份创业计划书，一份出彩的创业计划书，可以激发评委对你的兴趣，对提高比赛成绩至关重要。竞赛适用的创业计划书重要内容结构如下。

1. 保密协议

2. 执行总结(2.1 公司概述 2.2 产品介绍 2.3 市场分析与营销 2.4 生产运作管理 2.5 组织与人力 2.6 投资与财务)

3. 产品介绍(3.1 产品概述 3.2 产品优点 3.3 产品研发与延展)

4. 市场分析(4.1 宏观环境分析 4.2 微观环境分析 4.3 市场竞争分析 4.4 STP 分析 4.5 SWOT 分析图解 4.6 产品市场总结和应对策略 4.7 发展趋势预测 4.8 问卷调查数据整理及分析)

5. 营销策略(5.1 营销目标 5.2 4P 策略组合及具体措施 5.3 前期市场进入策略 5.4 成熟期市场扩大策略 5.5 服务营销 5.6 阶段性创意营销活动)

6. 商业模式(6.1 商业模式概述 6.2 公司商业模式 6.3 商业模式的创新途径)

7. 公司战略(7.1 总体战略 7.2 技术创新战略 7.3 人才培养战略)

8. 公司体系(8.1 组织形式 8.2 企业文化 8.3 管理方式及创新机制)

9. 生产运营管理(9.1 公司选址及布局 9.2 产品研发与生产 9.3 产品前景规划 9.4 运营管理 9.5 物流管理 9.6 质量管理)

10. 创业团队(10.1 团队简介 10.2 团队成员分工 10.3 团队顾问)

11. 投融资分析(11.1 投资估算 11.2 资金筹措方案 11.3 股本结构与规模 11.4 重要生产销售指标 11.5 预计生产销售趋势 11.6 总成本及运营资金估算)

12. 财务评价(12.1 财务指标分析 12.2 财务报表分析)

13. 风险分析及其应对方案(13.1 政策风险及其应对方案 13.2 市场竞争风险及其应对方案 13.3 技术风险及其应对方案 13.4 公司运营风险及其应对方案 13.5 财务风险及其应对方案 13.6 管理风险及其应对方案)

14. 法律顾问(14.1 各方责任与义务 14.2 公司设立与注册 14.3 知识产权设防)

15. 附录 1 专利(两项)、附录 2 专利授权书、附录 3 资质计量认证证书、附录 4 业绩证明、附录 5 安全运行证明、附录 6 与其他仪器对比分析表、附录 7 获奖证书、附录 8 订货合同书、附录 9 支持本团队创业证明、附录 10 调查报告

(资料来源: http://www.wendangku.net/doc/35e6dc95f242336c1fb95eb1-2.html)

四、撰写创业计划书的注意事项

(一)符合逻辑

符合逻辑是撰写创业计划书最基本的要求。创业计划书的基本假设或预估要前呼后应，前后逻辑合理一致，不能前言不搭后语，或前后意思出现自相矛盾。写作是一门学问，并不是所有人都擅长，为了写好创业计划书，创业者可以找专业人士协助。

(二)客观实际

创业计划书中出现的所有数据要尽量客观，符合实际，千万不能凭主观臆断。大

部分投资人都非常反感这样的创业者。

一般情况下，很多创业者都会高估市场的潜在能量，而低估经营的成本。其实，大可不必为了吸引投资人的兴趣，故意把经营成本报低，把市场潜力估高，要实实在在地进行项目描述。对所有创业者来说，诚信是一种优秀的品质，要对投资人诚信，更要对消费者诚信。

(三)内容明确

在创业计划书中要明确指出企业的市场机会和竞争威胁，并尽量以具体的资料佐证。同时，分析可能的解决方案，绝不能含糊不清，企图蒙混过关。所列出的数据和所要说明的观点，都要明确。另外，还要明确说明所采用的任何假设、财务预估方法，以及市场需求分析所依据的调查方法和事实依据等。

(四)陈述完整

创业计划书从形式到内容都要完整。形式主要包括计划书的结构，是否按照一般的格式，有头有尾，符合规范。计划书的装订要尽量规范，投资人看到的不仅是内容，还会通过计划书来考量创业者做事的能力和态度。内容主要是向投资人呈现企业的名称、生产的产品或提供服务的名称、市场分析、资金筹措以及风险分析和防范等。

本章回顾

思考与练习

1. 画出掌门 1 对 1 的商业模式画布。

2. 试针对某一创业项目，列出创业计划书的组成部分。

3. 列出撰写创业计划书的注意事项。

第八章

创业融资与创业大赛

内容提要

每个创业者在创业初期都需要大量的资金来保证自己创立的企业存活下去，因此寻找融资机会，得到投资人的青睐，对初创企业的生存发展至关重要。本章主要介绍创业融资与创业路演、创业大赛由来、创业大赛的作用及常见的创业大赛。通过本章的学习，促进大学生了解创业融资与创业大赛，为大学生参加创业大赛提供一定的引导和支持。

名人名言

对创业者来说，今天很残酷，明天更残酷，后天很美好，大部分人死在明天晚上，看不到后天的太阳。

——马云

💬 **案例导入**

英语流利说

自 2012 年成立以来，流利说建立了中国人英语语音数据库，拥有累计时长 5.3 亿分钟的 66.6 亿个句子，自主研发出英语口语和写作自动评测引擎。截至 2017 年 7 月初，流利说的旗舰产品"英语流利说"已拥有超过 4500 万名用户。

2016 年 7 月，流利说发布了首款 AI 英语老师，同步在"英语流利说"上推出基于 AI 英语老师的定制化交互式课程。通过利用自主研发的深度学习技术，为用户提供个性化、自适应的学习路径，以及系统性的英语学习解决方案。截至 2017 年 7 月初，产品付费用户 59.11 万人，并在 2017 年 2 月实现规模化盈利。

从口语打分工具到线上英语学习社区，其创始人兼 CEO 王翌始终坚持的是个性化+高效的路线。提及这点，王翌认为流利说用大量数据和用户案例证明了传统教育模式低效率、高成本和缺乏公平性的问题，是可以通过 AI 技术改变的。

2017 年 7 月，流利说在北京召开发布会，正式宣布完成近亿美金 C 轮融资，此轮融资由华人文化产业投资基金(CMC)、双湖资本领投，挚信资本、IDG、GGV、心元资本、赫斯特资本等流利说早期机构投资者跟投。融资完成后，流利说将在全球范围内加大招募顶尖 AI 人才的力度，加强在 AI 教育领域的优势，不断优化 AI 驱动的教育产品与服务。

此次投资方华人文化产业投资基金创始人、董事长黎瑞刚表示："AI 技术飞速发展，在多个行业引起了商业模式变革，也逐渐成为人与内容连接的重要桥梁。英语流利说将 AI 应用在教育领域的成功实践，开启了教育追求效率的新时代。华人文化与流利说合作，也是我们用 AI 去打通教育和媒体娱乐内容这个方向上的新的尝试探索。我们期待与流利说密切合作，在未来创造更多的可能。"

双湖资本由龙湖地产董事局主席吴亚军创立，双湖资本 CEO 张艳认为："双湖资本长期看好 AI 引致传统产业的巨大变革机会，流利说团队的技术背景和扎实产品使千人千面的自适应学习成为现实，创造了未来教育的更多想象空间。"

(资料来源：https://www.iyiou.com/p/51026.html)

思考

英语流利说成功融资说明了什么？

第一节　创业融资

一、创业融资概述

(一)创业融资的定义

创业融资是指创业者从企业生产经营及资金运用情况出发，结合企业自身现状和未来发展需求，通过一定的渠道或方式筹集资金，以满足后续经营发展需要的一种经济行为。

(二)创业融资的过程

一般而言，创业融资的过程包括以下几个阶段。

1. 做好融资前的准备

尽管创业者起初融资较为困难，但能成功融资对创业企业顺利成长至关重要。因此，创业者一定要在融资前做好充分的准备，对融资过程有一定的了解，建立经营个人信用，积累自己的人脉资源，学习各种融资知识，了解各种融资渠道，熟悉创业计划书的结构和编写策略等，以提高融资成功的概率。

2. 计算创业所需资金

世上没有免费的午餐，也没有零成本的资金。创业者必须明白，企业所使用的资金是具有一定成本的。这并不是说筹集的资金越少越好，因为任何一家顺利经营的企业都需要基本的周转资金，如果筹集的资金不足以支持企业的日常运转，则企业会面临资金断流，进而导致破产清算；但也不意味着筹集的资金越多越好。综上所述，资金都是具有成本的，如果在资金使用过程中不能创造出高于其成本的收益，则企业会出现亏损。因此，创业者在融资之前，应运用科学方法准确计算出资金的需求量。

3. 撰写创业计划书

创业企业对资金的需求，需要通盘考虑企业创办和发展的方方面面，要对企业有一个全面的筹划。撰写创业计划书是一种很好的对企业未来进行规划的方式；在创业计划书中，创业者需要估计未来可能的销售状况，以及为实现销售需要配备的资源，并计算出所需要的资金量。

4. 确定融资渠道

确定了创业企业所需要的资金量后，创业者需要进一步了解各种融资渠道的优缺点，根据融资机会的大小，以及创业者对企业未来的所有规划，充分权衡利弊，确定所要采用的融资渠道。

5. 展开融资谈判

选定所拟采取的融资渠道后，创业者需要与潜在的投资者进行融资谈判。创业者要对自己的创业项目非常熟悉，充满自信，并对潜在的投资者可能提出的问题提出猜想，事先准备好相应的答案。在谈判时，要抓住时机陈述重点，做到条理清晰。另外，还应向有经验的人士进行咨询，以提高谈判的成功率。

(三)创业融资的渠道

创业融资的渠道是指创业者获取资金的途径，即资金的供给者是谁。目前，中国社会资本的提供者众多，数量分布广泛，为创业企业融资提供了更多的资本来源。具体来说，创业融资的渠道主要有以下几种。

1. 私人资本融资

(1) 个人储蓄。

在创业初始，创业者都会将个人储蓄投入到新办的企业当中。投入大量的个人储蓄，说明创业者对自己的创业项目前景非常看好，同时对项目充满信心，会将自己大量的时间和精力投入到企业建设中。

相对来说，个人储蓄投入到新企业是融资的一种，但不是根本性的解决方案，毕竟个人储蓄对于创业企业来说是十分有限的。

（2）向亲友融资。

向亲友融资是创业融资中常见的融资渠道，在创业中起着重要支撑作用。特别是在中国，以家庭为中心的亲缘、地缘和商缘的社会网络关系，对创业融资有着重要影响。

2. 机构融资

（1）向银行借款。

在创业初期，创业者可以向银行借款。借款的形式主要包括抵押贷款和担保贷款两种。

抵押贷款是指借款人以其所拥有的财产作抵押，作为获得银行贷款的担保。在抵押期间，借款人可以继续使用其用于抵押的财产。抵押贷款包括动产抵押贷款和不动产抵押贷款。动产抵押贷款是指以股票、国债、企业债券等银行承认的有价证券，以及金银珠宝首饰等抵押，从银行获得贷款；不动产抵押贷款是指以土地、房屋等不动产抵押，从银行获得贷款。

担保贷款是指借款人向银行提供符合法定条件的第三方保证人作为还款保证的借款方式。当借款方不能履约还款时，银行有权按照约定要求保证人履行或承担清偿贷款连带责任。其中较适合创业者的担保贷款形式有自然人担保贷款和专业公司担保贷款两种。自然人担保贷款是指自然人提供担保取得贷款，专业公司担保贷款是指由担保公司提供担保取得贷款。

（2）向非银行金融机构借款。

非银行金融机构是指以股票和债券、接受信用委托、提供保险等形式筹集资金，并将所筹资金用于长期性投资的金融机构。根据法律规定，非银行金融机构包括银监会批准设立的信托公司、境外非银行金融机构驻华代表处、农村和城市信用合作社、典当行、保险公司、小额贷款公司等机构。创业者可以从这些非银行金融机构取得借款，筹集生产经营所需资金。

（3）向中小企业间的互助机构借款。

中小企业间的互助机构是指中小企业在向银行融通资金的过程中，根据合同约定，有依法设立的担保机构以保证的方式为债务人提供担保，在债务人不能依照约定履行债务时，由担保机构承担合同约定的偿还责任，从而保障银行债券实现的一种金融制度。信用担保可以为中小企业的创业和融资提供便利，分散金融机构的信贷风险，推进银企合作。

(4) 交易信贷。

交易信贷是指企业在正常的经营活动和商品交易中，由于延期付款或预收货款所形成的企业间常见的信贷关系，通常也称之为商业信用。企业在筹办期及生产经营过程中，均可通过交易信贷筹集部分资金，如企业在购置设备或原材料的过程中，均可以通过交易信贷筹集部分资金。再如企业在购置原材料的过程中，可以通过延期付款的方式，在一定时期内免费使用供应商提供的部分资金。

(5) 融资租赁。

融资租赁又称设备租赁或现代租赁，实质上是转移与资产所有权有关的全部或绝大部分风险和报酬的租赁。资产的所有权最终可以转移，也可以不转移。融资租赁是集融资与融物、贸易与技术更新于一体的新型金融业务。由于其融资与融物相结合的特点，出现问题时租赁公司可以回收、处理租赁物，因而在办理融资时对企业资信和担保的要求不高，所以非常适合中小企业融资。此外，融资租赁属于表外融资，不体现在企业财务报表的负债项目中，不影响企业的资信状况，对需要多渠道融资的中小企业非常有利。

3. 风险投资

风险投资又称创业投资，是指专业机构提供的投资于极具增长潜力的创业企业并参与其管理的权益资本。从投资行为的角度来讲，风险投资是具备资金实力的投资机构或投资家，对具有专门技术并具备良好市场发展前景，但缺乏充足资金的创业型企业进行资助，帮助其实现创业计划，并相应承担该阶段投资可能失败的风险的投资行为；从运作方式来讲，风险投资是专业化人才管理的投资中介向具有较大潜力，但同时蕴藏着失败风险的创新型企业投入风险资本的过程，也是协调风险投资家、技术专家、投资者的关系，利益共享，风险共担的一种投资方式。

4. 天使投资

天使投资是一种非组织化的创业投资方式，是指自由投资者(个人)或非正式风险投资机构(团体)对有发展前景的原创项目构思或初创期小企业进行早期权益性资本投资，以帮助这些企业迅速启动的一种民间投资方式。可以说，天使投资人是大多数初创企业的最佳融资对象，他们是创业企业的早期乃至第一批投资人，在创业企业的产品和业务成型之前就把资金投入进来。

拓展阅读

教育天使投资机构详细清单

一、真格基金

1. 所在区域：中国北京、上海，美国硅谷

2. 教育产业投资偏好：天使轮、A轮

3. 单笔平均投资金额：4854万元人民币

4. BP投递邮箱：dream@zhenfund.com

5. 机构概况：

真格基金是由新东方联合创始人徐小平、王强和红杉资本中国在2011年联合创立的天使投资基金，专注于TMT行业，包括物联网、移动互联网、游戏、企业软件、O2O、电子商务及教育培训等领域的种子期投资。世纪佳缘(NASDAQ: DATE)、兰亭集势(NYSE: LITB)、聚美优品(NYSE: JMEI)、一起作业、找钢网、小红书、蜜芽、美菜网、罗计物流、51talk等多家公司已经成为真格基金投资的明星企业。

二、涌铧投资

1. 所在区域：上海

2. 教育产业投资偏好：A轮、天使轮

3. 单笔平均投资金额：10811万元人民币

4. BP投递邮箱：Yonghua@yonghuacapital.com.cn

5. 机构概况：

涌铧投资是涌金集团旗下专业从事股权投资的管理平台。涌铧投资累计投资规模超过60亿元，先后投资了80多家优秀企业，其中已有40多家企业成功上市。目前，涌铧投资的团队覆盖了北京、上海、深圳、厦门、杭州、长沙、成都等全国主要

城市，并在新能源、节能环保、消费品、TMT、农业等多个行业有深入的团队研究。

三、青松基金

1. 所在区域：上海、深圳

2. 教育产业投资偏好：种子轮、A 轮

3. 单笔平均投资金额：1796 万元人民币

4. BP 投递邮箱：qingsongfund@qingsongfund.com

5. 机构概况：

青松基金由刘晓松、董占斌、苏蔚三位互联网及投资界资深人士于 2012 年 6 月创办，是一家主要致力于早期投资的风险投资机构，专注于投资文化娱乐、教育培训、消费升级、人工智能等领域。旗下共管理 3 期人民币基金，总值约 15 亿元人民币。截至 2017 年 11 月，青松基金已投资了 120 余家公司。作为国内领先的投资机构，青松基金成立以来连年斩获清科集团中国早期投资机构十强、投中集团中国最佳天使及早期投资机构十强等荣誉。

四、紫金科创

1. 所在区域：南京

2. 教育产业投资偏好：天使轮、A 轮

3. 单笔平均投资金额：345 万元人民币

4. BP 投递邮箱：njzjkc2012@163.com

5. 机构概况：

紫金科创成立于 2011 年，由南京紫金投资集团作为出资主体发起设立，注册资本 5 亿元，所属南京紫金科技创业投资基金规模 10 亿元。作为南京市级平台的专业风险投资机构，紫金科创紧密依托紫金投资集团强大的综合金融产业链，支持和服务于南京市范围内的中小型科技企业，重点投资科技型项目，并根据企业不同的成长阶段提供相应投资解决方案。

五、贝塔斯曼亚洲投资基金

1. 所在区域：北京、上海

2. 教育产业投资偏好：天使轮、B+轮

3. 单笔平均投资金额：5421 万元人民币

4. BP 投递邮箱：bp@bertelsmann.com

5. 机构概况：

BAI(贝塔斯曼亚洲投资基金)成立于 2008 年 1 月，由国际传媒、教育、服务巨头贝塔斯曼集团全资控股，旗下管理的资金规模超过 15 亿美元。BAI 坚持走精品路线，寻找早期到成长期的市场领先者、创新开创者和趋势引领者，并依托贝塔斯曼集团在全球的资源网络，帮助创业者开拓布局。2014 年 10 月，BAI 正式成立了规模达数千万美元的专项天使基金，关注移动、社交、智能硬件、游戏、教育、企业服务和内容等优秀的早期公司。

六、慕华投资

1. 所在区域：北京

2. 教育产业投资偏好：种子轮、战略投资

3. 单笔平均投资金额：1600 万元人民币

4. BP 投递邮箱：office@mooc-cn.com

5. 机构概况：

慕华教育，成立于 2013 年 12 月，注册资本 1 亿元人民币，是清华控股有限公司出资设立的全资子公司。慕华教育及旗下企业的主要业务为在线教育平台开发及运营、在线课程制作与运营、数字校园软件系统的开发与推广、在线教育相关媒体的运营，以及在线教育相关企业的投资。

(资料来源：https://mp.weixin.qq.com/s/5XJz7rrroOr1wk0h0uSJ5Q)

5. 政府扶持基金

创业者还可以利用政府政策，从政府方面获得融资支持。随着我国经济的发展，政府对创业的支持力度无论是从产业的覆盖面，还是从政府对创业者的支持额度等方面都有了很大进展，由政府提供的扶持基金也在逐步增加。

科技型中小企业技术创新基金是经国务院批准成立，用于支持科技型中小企业技术创新的政府专项基金，用于扶持和引导科技型中小企业的技术创新活动。财政部设

有利用高新技术更新改造项目贴息基金、国家重点新产品补助基金；国家发展和改革委员会设有产业技术进步资金资助计划、节能产品贴息项目计划；工业和信息化部设有电子信息产业发展基金等。各省、区、市也为支持当地创新型经济的发展，纷纷出台了许多政策，支持创业。创业者要结合自身需求，利用好相关政策，获得更多的政府扶持基金，降低融资成本。

二、创业路演概述

(一)创业路演的定义

创业路演是企业或创业代表在讲台上向投资方讲述项目属性、发展计划和融资计划，一般分为线上路演和线下路演。这里主要讲线下路演的技巧。

(二)创业路演的基本流程

创业路演一般包括 9 个流程。

(1) 乙方公司是做什么的；乙方身份和联系方式。

(2) 行业痛点；该如何解决目前这个问题。

(3) 乙方公司恰恰是行业痛点的救星，提供了解决方案(产品/服务)；乙方的特点及优势。

(4) 这块的市场格局和可进入的市场总规模；市场的发展趋势、其内在驱动关键点。

(5) 分析直接竞争对手的优劣势；分析间接对手的优劣势；竞争对手的投资人和融资情况。

(6) 企业发展现状；用户数量、增长趋势、用户黏度等；销售业绩。

(7) 企业发展规划。

(8) 团队核心成员的经历(相关行业工作经验、成功创业经历、管理经验、教育背景等)。

(9) 本轮预计融资额度和资金用途。

(三)创业路演的准备工作

1. 打扮得体

路演是创业者要登台进行演说，创业者要打扮得体，不仅让自己增加信心，给评委或投资人留下好的初次印象，同时是对他人的一种尊重。例如，有一些不修边幅，穿着随意的创业者，显然不能给评委或者投资人留下好的印象，可能对创业者产生不喜欢或者不信任的感觉，影响投资人对项目执行度的判断，因此，作为企业的品牌代言人，创业者进行路演时要打扮得体适当，注重交往礼仪。

2. 把路演讲成故事

研究发现，讲故事是能获得听众关注的方式，这种方式也最能令创业者的路演变得更加难忘。PPT 中的数字、图表都是辅助工具，创业者借助于它们可以简洁且清晰地讲述自己的创业故事，从而引起评委或者投资人的关注和共鸣，有助于提升路演的分数。

3. 反复演练

对于大多数创业者来说，可能没有经历过创业路演，那么反复演练是十分必要的，创业者可以对评委或者投资人可能提到的问题提前进行预演，在实际问答的过程中，可以向评委或投资人展示其竞争优势等。

(四)创业路演的注意事项

1. 对目标市场有充分了解

前期准备要非常充分。首先对创业项目的目标市场有充分了解。很多创业者的路演中要么没有准备充足的调研数据，要么调研样本不具有代表性，要么根本没有，对目标用户的喜好也知之不详，甚至没有目标用户定位等，投资人怎么放心把资金投给你呢？

2. 创业项目与市场紧密结合

市场很大，创业者的创业项目似乎游走在市场边缘，与目标市场联系不够紧密，如新能源，可以用万亿计算的市场，在路演过程中，创业者只是说有庞大的目标市场，自己的创业项目似乎与之无关，甚至表现得不相关。投资者无法判断创业者可以为自己带来更多的利润，投资意向能不流产吗？

3. 专注于产品扩张

对于初创企业来说，让产品进入到大众视野中，并得到信赖是重中之重。现在各路的创业者挂在嘴边的就是平台、生态系统、立体式全方位。谁都知道平台是赚钱，但作为初创企业，开始就专注于平台、生态系统，是不是胃口大了些？最重要的是能够将自己的产品销售出去，如腾讯公司起初也只是关注于 QQ 聊天工具，让更多的人了解腾讯。

(五)创业路演的价值

1. 路演是一种传递信息的方式

从展现形式上，路演包括文字、图片、视频、PPT 演讲、互动问答；从展现内容上，路演包括项目市场分析、竞争分析、产品和技术介绍、商业模式、团队成员、财务指标、融资计划等，这种多角度多媒体的完整信息传递方式，可以让投资者更充分了解项目。例如，某个"白酒项目"，一款有人文匠心、有感情、有温度、有故事的，中国唯一 85 岁国际调酒大师赖高淮先生窖藏的珍品开发出来，通过线上线下的路演体验，一经面世即引起轰动。

2. 路演是一种增强信任的手段

任何交易，都是建立在信用和信任的基础之上，资本市场更是如此。信息传递的本质是建立信任，但文字沟通有距离感，因为文字可以包装，路演使投资人和创业者可以面对面零距离接触，提升彼此信任度。这一点，在信用体系不够完善的市场显得更为重要，而在中国，传统的商业文化是讲究眼缘儿，见面不单纯是礼仪安排，更是加强信用的需要。

3. 路演是一种即时沟通的桥梁

路演特别强调现场感，必须由项目主要创始人现场发挥，从这个角度来看，事先录好并经过剪辑的视频，作为媒体宣传可以，但只能作为路演的侧面辅助参考而已。路演特别强调即时沟通，没有经过深思熟虑的直面问题的回答，往往能够反映出项目的真实状况。尤其是在问答环节，项目方和投资方通过互动交流，可以将对彼此的了解提升到新高度。

拓展阅读

大学生开发 APP，5 分钟路演获得 300 万元投资

2015 年，两名在校大学生在考研复习过程中发现商机，开发出"边学边问"APP，掘金"大学学霸图"。

在中国创业服务峰会暨中国创业咖啡联盟年会上，"边学边问"APP 项目在"挑战 120 秒"环节亮相，吸引了众多投资人的目光。而就在不到两个月前，他们通过 5 分钟的项目路演，获得了来自武汉大学博奥投资有限公司的 300 万元投资。

他们在考研复习中发现创业商机。在复习数学时，古同学每当遇到难题不会解答时，就会上网搜索，但常常找不到答案。各大考研资料社区大都是文本资料下载，没有题库搜索能力；论坛发问，得到的答案却并不权威……

古同学和李同学碰面交流时"吐槽"，为什么中小学都有这样的问答类 APP 唯独大学这一块是空白，俩人灵光一现，能不能做一个大学生的学习问答社区，方便大家在考研、英语四六级考试，乃至各种考证的过程中实现互助学习？随之，"边学边问" APP 诞生了。

考研结束后，李同学和古同学正式创业。李同学回忆说，在创业初期，他们没有贸然对 APP 进行开发，而是进行充分的市场调研。他们将市面上可以找到的所有问答类 APP，都下载在手机上使用。然后，选择 5 个进行详细剖析，分析其各自的优劣。1 个月后，他们决定在采用文字录入模式的同时，加入一键拍照的方法，采取图像识别技术，从图片中提取文字，再匹配题库。

2015 年 1 月中旬，项目团队正式入驻光谷创业咖啡，准备参加首场"青桐汇"路演，路演时间 5 分钟。

为了准备路演，他们撰写了创业计划书并制作 PPT，在光谷创业咖啡工作人员指点下对 PPT 进行 3 次大改。

1月24日，古同学穿着租来的西装登上路演舞台，由于创业角度独特，项目特点突出，当场就有投资人表达了投资意向。

（资料来源：武汉晚报）

第二节 创业大赛

一、创业大赛的由来

20 世纪 80 年代初，最先感受到知识经济脚步的美国高校迅速开展了大学生创业教育和大学生创业活动。1983 年，美国奥斯汀德州大学举办首届大学生创业计划竞赛。1997 年，清华大学将创业计划竞赛引进中国，于 1998 年开展活动。2015 年，"大众创业，万众创新"系列活动如火如荼，国务院出台文件指出要建设创业创新平台，增强支撑作用，支持各类创新创业大赛。为了响应党中央的号召，伴随着高校创新创业教育的推进，高校的创新创业大赛也随之迅速发展。例如，中国"互联网+"大学生创新创业大赛，从 2015 年至今，参加的高校逐年递增，2018 年增设国际赛道，各国高校都踊跃参加，彰显中国创新创业大赛的魅力，同时向世界传递中国的创新创业具有巨大潜力。

二、创业大赛的作用

(一)创业大赛的目的

1. 对创业者来说

第一，对创业者来说，是拓展人脉的机会，结识其他创业者、客户、合作伙伴、政府机构、创业服务者等，为创业积累资源。

第二，参加创业大赛是提升项目融资成功率的最佳选择。相比创业者一家家拜访融资机构，参加创业大赛能与现场的投资人、评委交谈，向投资人展示项目，找融资的路径就会简单很多。

第三，参赛获得反馈能让创业者清晰地看到项目的不足之处，或许能直接获得帮助。

2. 对投资人来说

第一，为获得好项目，创业大赛的项目经过层层筛选，项目更加优质，符合社会发展需要。

第二，为了观察行业动态，创业大赛的项目更多，质量更高，对于行业信息的收集更有利。

第三，为了获得关注，通过媒体的宣传，让更多创业者带着项目寻找投资人。

(二)创业大赛的价值

1. 提升能力

从校赛、省赛到国赛，大学生在项目完成过程中，要深入地学习专业知识，要掌握相应的创业技巧，要不断地创新，要与来自不同专业的项目组成员进行协作，这一切，都会大大地提升学生的创新能力、创业能力，进而实现学生综合素质的提升。在比赛过程中，有效实现理论知识与实践相结合，促进理论知识的内化。

2. 开阔视野

创业大赛是精英项目的集合，项目来源于不同专业领域、不同人群，在大赛中，可以实现相互交流，进一步开拓大学生的视野，对创新创业有更深刻的认识和理解。例如，中国"互联网+"大学生创新创业大赛，分为高教、职教、国际、萌芽(中学生)四大板块，追求"更全面、更国际、更中国、更教育、更创新"，使大赛成为一场"百国千校"的世界大学生创新创业盛会。大学生可以通过大赛了解国内外大学生的创新创业趋势和方向，对提升创业能力具有非常好的促进作用。

三、常见的创业大赛

(一)中国"互联网+"大学生创新创业大赛

1. 中国"互联网+"大学生创新创业大赛的背景

2015年5月，国务院办公厅发布《关于深化高等学校创新创业教育改革的实施意见》(以下简称《意见》),《意见》指出,近年来,高校创新创业教育不断加强,取得了积极进展,对提高高等教育质量、促进学生全面发展、推动毕业生创业就业、服务国家现代化建设发挥了重要作用。《意见》强调,深化高等学校创新创业教育改革,是国家实施创新驱动发展战略、促进经济提质增效的迫切需求,是推进高等教育综合改革、促进高校毕业生更高质量创业就业的重要举措。由此可见,创新创业教育改革已经被上升为国家实施创新驱动发展战略的一部分。

为深入贯彻落实该《意见》,进一步激发高校创新创业热情,展示高校创新创业教育成果。2015 年 6 月,教育部发布《关于举办首届中国"互联网+"大学生创新创业大赛的通知》(以下简称《通知》)。把深化高等教育综合改革,激发大学生的创造力,培养造就"大众创业、万众创新"的生力军;推动赛事成果转化,促进"互联网+"新业态形成,服务经济提质增效升级;以创新引领创业、创业带动就业,推动高校毕业生更高质量创业就业等作为举办该赛事的宗旨。

2. 中国"互联网+"大学生创新创业大赛的发展历程

2015 年 5—10 月,首届"互联网+"大学生创新创业大赛在吉林大学举办,大赛主题是"'互联网+'成就梦想,创新创业开辟未来",吸引全国 20 万名大学生参加,进入全国总决赛的团队有 300 个,其中创意组 100 个团队,实践组 200 个团队。大赛产生冠、亚、季军,冠军是浙江大学智能视力辅具及智能可穿戴近视防控设备团队和北京航空航天大学 Unicorn 无人直升机系统团队,亚军是华南理工大学广州优蜜移动科技股份有限公司团队,季军是西安电子科技大学 Visbody 人体三维扫描仪团队。

2016 年,第二届"互联网+"大学生创新创业大赛在华中科技大学举办,大赛主题是"拥抱'互联网+'时代,共筑创新创业梦想",吸引了全国 2000 多所高校参加,占全国普通高校总数的 81%,学生报名项目 118804 个、直接参与学生 545808人,分别是首届大赛的 3.3 倍、2.7 倍。大赛分为创意组、初创组、成长组,并根据行业领域细化为"互联网+"现代农业、"互联网+"制造业、"互联网+"信息技术服务、"互联网+"商务服务、"互联网+"公共服务和"互联网+"公益创业 6 大类、27 个行业。在校级初赛、省级复赛的基础上,全国共有 600 个项目入围全国总决赛,通过网上评审和会议评审，产生了 120 个项目进入 10 月 13 日的全国总决赛。本届大赛冠军是西北工业大学的"翱翔系列微小卫星"项目，亚军是南京大学的"Insta360 全影相机"项目，季军是北京大学的"ofo 共享单车"项目和山东大学的"越疆 DOBOT 机械臂"项目。

2017 年，第三届"互联网+"大学生创新创业大赛在电子科技大学举办，大赛主题是"搏击'互联网+'新时代，壮大创新创业生力军"，吸引了 2200 多所高校参加，团队报名项目 37 万个，参与学生 150 万人，参与高校与大学生数量均创新高。第三届大赛增加了"互联网+"文化创意服务组合就业型创业组，鼓励师生共创。冠军是浙江大学杭州光珀智能科技有限公司，亚军是北京航空航天大学 ULBrain 机器人视觉解决方案，季军是南京大学分子精准调控的吸波导磁材料及工业解决方案和东南大学全息 3D 智能炫屏。此外，大赛还新增了学习习近平总书记回信精神演讲报告会，青年红色筑梦之旅，"一带一路"大学生创新创业教育校长论坛等活动。

2018 年，第四届"互联网+"大学生创新创业大赛在厦门大学举办，大赛主题是"勇立时代潮头敢创会创，扎根中国大地书写人生华章"，共有 2200 多所高校的 265 万大学生，64 万个团队报名参赛；国际赛道，来自全球 50 个国家的 600 多支队伍参赛。经过激烈角逐，来自北京理工大学的"中云智车——未来商用无人车行业定义者"项目获得冠军；亚军由来自厦门大学的"罗化新材料：全球激光荧光陶瓷的领航者"项目、北京邮电大学的"人工智能影视制作——聚力维度"项目获得；浙江大学的"邦巍科技——全球高性能结构材料领跑者"项目、北京理工大学的"枭龙科技 AR 智能眼镜"项目，以及加拿大多伦多大学的"FlexCap"项目获得季军。

2019 年，第五届中国"互联网+"大学生创新创业大赛总决赛在浙江大学开赛，本届大赛以"敢为人先放飞青春梦，勇立潮头建功新时代"为主题，构建了"高教、职教、国际、萌芽(中学生)"四大板块，追求"更全面、更国际、更中国、更教育、更创新"，使大赛成为一场"百国千校"的世界大学生创新创业盛会。共有来自全球五大洲 124 个国家和地区、4093 所学校的 457 万名大学生、109 万个团队报名参赛，参赛项目和学生数接近前四届大赛的总和。其中，国际赛道有来自 120 个国家和地区、1153 所学校的 6000 多名大学生参赛。大赛策划了"1+6"系列活动，"1"是主体赛事，"6"是同期配套活动。配套活动分别是"青年红色筑梦之旅"活动、大学生创客秀、大赛优秀项目对接巡展、对话 2049 未来科技系列活动、浙商文化体验之旅、联合国教科文组织创业教育国际会议。本届大赛的获奖情况是，清华大学的"交叉双旋翼复合推力尾桨无人直升机"项目获得冠军，浙江大学的"回车科技——未来全脑智能行业定义者"项目获亚军，浙江大学的"智网云联——无限共算全球算力交易平台"项目及印度尼西亚泗水理工学院 / 浙江工业大学的"iHe@r"项目分别获得季军。

(二)"创青春"全国大学生创业大赛

1. "创青春"全国大学生创业大赛的背景

2013 年 11 月 8 日，习近平总书记向 2013 年全球创业周中国站活动组委会专门致贺信，特别强调了青年学生在创新创业中的重要作用，并指出全社会都应当重视和支持青年创新创业。党的十八届三中全会对"健全促进就业创业体制机制"作出了专门部署，指出了明确方向。为贯彻落实习近平总书记系列重要讲话和党中央有关指示精神，适应大学生创业发展的形势需要，在原有"挑战杯"中国大学生创业计划竞赛的基础上，共青团中央、教育部、人力资源社会保障部、中国科协、全国学联决定，自2014 年起共同组织开展"创青春"全国大学生创业大赛，每两年举办一届。

2. "创青春"全国大学生创业大赛的发展历程

"创青春"全国大学生创业大赛是在"挑战杯"中国大学生创业计划竞赛基础上改革而来。创业计划竞赛是 20 世纪 80 年代在美国高校兴起的以推动成果转化为目标的活动。它借助于风险投资运作模式，要求参赛者组成学科交叉、优势互补的竞赛团队，就一项具有市场前景的技术产品或服务，以获得风险资本的投资为目的，完成一份完整的创业计划书。

2014 年，"创青春"全国大学生创业大赛由共青团中央、教育部、人力资源和社会保障部、中国科协、全国学联、湖北省人民政府主办，华中科技大学、共青团湖北省委、武汉东湖技术开发区承办。下设 3 个主体赛事，即大学生创业计划竞赛、创业实践挑战赛、公益创业赛。本届大学生创业计划竞赛金奖项目 68 个(含港澳地区金奖项目 3 个)，银奖项目 142 个(含港澳地区银奖项目 7 个)，铜奖项目 404 个(含港澳地区铜奖项目 9 个);创业实践挑战赛金奖项目 35 个,银奖项目 70 个,铜奖项目 210 个;公益创业赛金奖项目 20 个,银奖项目 41 个,铜奖项目 119 个。

2016 年,"创青春"全国大学生创业大赛在电子科技大学正式启动,吸引全国 2200 多所高校参与。99 个创业项目从全国 11 万个项目中脱颖而出,进入总决赛。大赛最终评出金奖项目 134 个,银奖项目 262 个,铜奖项目 726 个。

2018 年,"创青春"浙大双创杯全国大学生创业大赛的决赛在浙江大学落下帷幕。大赛以"培养创新意识、启迪创意思维、提升创造能力、造就创业人才"为宗旨,大赛评委会最终评定福建农林大学"福建贝洋渔业科技工作室"等 69 个项目为大学生创业计划竞赛金奖,广东工业大学"广州聚匠文化传播有限公司"等 35 个项目为创业实践挑战赛金奖,香港中文大学"菇创未来"等 20 个项目为公益创业赛金奖。

3."创青春"之前"挑战杯"的发展概况

1999 年,由共青团中央、中国科协、全国学联主办,清华大学协办首届"挑战杯"中国大学生创业计划竞赛。竞赛由和讯网赞助,汇集了全国 120 余所高校近 400 件作品。大赛的举办使"创业"的热潮从清华园向全国扩散,在全国高校掀起了一轮创新创业的浪潮,产生了良好的社会影响。

2000 年,由上海交通大学承办的第二届"挑战杯"万维投资中国大学生创业计划竞赛在上海成功举办,竞赛由万维投资网赞助。大赛共收到 137 所高校的 455 件作品。在社会各界的关心支持下,一批创业计划进入实际运行操作阶段,技术、资本和市场的结合向更深的层次推进。

2002 年,第三届"挑战杯"由浙江大学承办,教育部主办,杭州市人民政府作为承办单位参与竞赛,提供经费支持。竞赛成为 2002 年西湖博览会的重要活动之一,组委会共收到来自全国 244 所高校的 542 件参赛作品。企业界和风险投资界对竞赛格外关注。据统计,部分参赛作品在开赛前就吸引了部分风险投资,金额达 10400 万元,其中签订合同的项目 6 个,签约金额 4640 万元。决赛期间,真实签约项目 4 个,金额达 5760 万元,其中,南京大学的"格霖新一代绿色环保空气净化器"商业计划获得了高达 2595 万元的风险投资。

2004 年，第四届"挑战杯"全国大学生创业计划竞赛在厦门成功举办，这次竞赛把大学生创业浪潮推向高峰。本届大赛是由中国银行和亚礼得集团赞助，来自全国 276 所高校的 603 件作品参加竞赛，其中 100 件作品进入了终审决赛。本届竞赛，台湾地区首次派队参加，香港地区和澳门地区的高校也应邀观摩。参加终审决赛的学生达到 1000 多人，参加观摩的媒体、企业、投资等各界人士近 2000 人，使"挑战杯"创业计划竞赛在短短 4 届、6 年的时间就达到了空前的规模。

2006 年，第五届"挑战杯"飞利浦中国大学生创业计划竞赛在山东大学成功举办，山东省人民政府首次作为比赛所在地主办单位出现在挑战杯竞赛中，充分体现了省级地方政府对"挑战杯"活动的重视和对大学生创新创业工作的支持。飞利浦中国有限公司对本届比赛大力赞助，对来自包括港澳台在内的 22 个赛区的 129 件作品进行了终审。本届"挑战杯"做了很多有意义的尝试和探索，为进一步加大服务参赛团队创业的力度，主办单位邀请了国内 12 个高新技术园区作为"中国大学生创业园"。为更好地指导"挑战杯"获奖团队进行创业，主办单位还邀请了包括柳传志、刘永好在内的社会知名人士担任中国大学生创业导师。本届竞赛成为"挑战杯"中国大学生创业计划竞赛办赛以来参赛高校数量、作品数量最多，港澳台地区全部参赛，自主创新比例明显提高，与现实生活密切相关的服务类项目明显增加的一届比赛。

2008 年 11 月 16 日，第六届"挑战杯"中国大学生创业计划竞赛开幕式在四川大学举行，来自内地的 109 所高校的 150 支大学生团队，及港澳台地区的 18 支大学生团队角逐金银铜奖。

2010 年，第七届"挑战杯"中国大学生创业计划竞赛活动由共青团中央、教育部、中国科协、全国学联共同主办，长春市政府、吉林大学共同承办。本届竞赛共收到全国 374 所高校(含港澳台)的 640 个创业项目，参赛学生达到 6000 多名，还增设"创业之星"网络虚拟运营竞赛，它标志着这项全国性的大学生实践竞赛已经开始由单纯的创业计划撰写与答辩向创业计划如何有效实施转变。

2012 年，第八届"挑战杯"中国大学生创业计划竞赛活动由共青团中央、教育部、中国科协、全国学联、上海市人民政府共同主办，同济大学承办，复星集团协办。本届作品首次被分为"已创业"和"未创业"两类，并实行校、省、全国逐级报备制度，力求进一步突出竞赛设计的科学性与竞赛作品的实用性，在主体赛事中，对于已创业类作品的考察，更加注重商业经营效果；而对于未创业类作品更加注重市场发展潜力。

2012年之后"挑战杯"中国大学生创业计划竞赛升级为"创青春"全国大学生创业大赛。

4. "挑战杯"全国大学生课外学术科技作品竞赛

"挑战杯"竞赛在中国有两个并列项目，一个是"挑战杯"全国大学生课外学术科技作品竞赛，另一个则是"挑战杯"中国大学生创业计划竞赛，即"创青春"。这两个项目的全国竞赛交叉轮流开展，每个项目每两年举办一届，该比赛是目前全国最具有导向性、示范性和权威代表性的全国竞赛活动。

"挑战杯"全国大学生课外学术科技作品竞赛是由共青团中央、中国科协、教育部、全国学联和地方政府共同主办，国内著名大学、新闻媒体联合发起的全国竞赛活动。自1989年首届竞赛举办以来，"挑战杯"竞赛始终坚持"崇尚科学、追求真知、勤奋学习、锐意创新、迎接挑战"的宗旨，在促进青年创新人才成长、深化高校素质教育、推动经济社会发展等方面发挥了积极作用，在广大高校乃至社会上产生了广泛而良好的影响，被誉为当代大学生科技创新的"奥林匹克"盛会。

历经30年，"挑战杯"竞赛已经成为吸引广大高校学生共同参与的科技盛会，成为促进优秀青年人才脱颖而出的创新摇篮，也成为引导高校学生推动现代化建设的重要渠道，更成为展示全体中华学子创新风采的亮丽舞台。

(三)中华职业教育创新创业大赛

1. 中华职业教育创新创业大赛的背景

中华职业教育创新创业大赛原名黄炎培职业教育奖创新创业大赛，2017年全国决赛时更名为中华职业教育创新创业大赛。全国决赛由中华职业教育社主办，各省中华职业教育社分社和有关单位承办，省级决赛由中华职业教育社各省分社和有关单位主办。

为推动职业教育，落实"大众创业、万众创新"的国家战略，集成和弘扬黄炎培职业教育思想，以及打造职业教育圈共享共建平台，努力践行创新引领技能和创业新理念，中华职业教育社在湖南省成功举办了 8 届黄炎培职业教育奖创新创业大赛的基础上，于 2017 年面向全国举办中华职业教育创新创业大赛。大赛的举办是为了深入贯彻落实习近平总书记要求中华职业教育社"更好服务社会、促进职业教育发展"重要指示的具体行动，也是职教界贯彻落实党的十九大报告中提出的"深化产教融合，校企合作""鼓励创业带动就业，促进青年群体多渠道就业创业"重要精神的具体举措。

中华职教社以赛促教、以赛促学、以赛促创，以贯彻落实国务院颁布的《关于深化产教融合的若干意见》为契机，鼓励更多企业直接参与职业教育，参与中华职业教育创新创业大赛，推动形成全社会参与支持创业的合力，全面提升创新创业教育水平，帮助广大职业院校青年学子筑梦圆梦，实现精彩人生。

2. 中华职业教育创新创业大赛的发展历程

中华职业教育创新创业大赛是中国职业教育发展的一部分，是工匠精神与创新精神的深度融合，是培养有创新创业精神高技能型人才模式的创新探索，也给职校学子提供了绽放青春、展现自我的新平台。

2017 年 12 月 21—22 日，由中华职业教育社主办，湖南中华职业教育社承办，人力资源和社会保障部支持的首届中华职业教育创新创业大赛在湖南省长沙市成功举办。本届大赛的主题是"开启中华职业教育社立社百年的新篇章，打造职业教育资源共享共建的新平台，努力践行创新引领技能创业的新理念，昂首挺进激情创业成就梦想的新时代"。大赛分为中、高职组，经过层层选拔，共 23 个省(区、市)，64 个项目进入全国总决赛。大赛共决出中职组一等奖 4 名，二等奖 8 名，三等奖 20 名；高职组一等奖 4 名，二等奖 8 名，三等奖 20 名。

2018 年，第二届中华职业教育创新创业大赛在福建成功举办。本届大赛是以"职教育工匠，双创筑梦想"为主题，以弘扬黄炎培职业教育思想，为职业院校学生搭建展现创新创业成果的舞台，引导他们学习创业知识，激发创新活力，提高创业能力为宗旨。大赛分为校级初赛、省级复赛、全国总决赛三级，总决赛预计 3 天，按照中职、高职、应用技术型本科组分别举办。

2019 年，第三届中华职业教育创新创业大赛在安徽合肥成功举办。本届大赛是以"职教育工匠，双创筑梦想"为主题，着力为广大职业院校学生展示创新创业成果搭建良好平台，引导他们学习创业知识，激发创新活力，提高创业能力，进一步弘扬黄炎培职业教育思想，推动新时代我国职业教育改革与创新发展。大赛分为中职(技工)组、高职(技师)组和应用技术型本科组三个组别。中职组，长沙财经学校《塞夫魔箱》等 8 个项目荣获一等奖，重庆市女子职业高级中学《雾都·漆缘》等 12 个项目荣获二等奖，核工业卫生学校《南华阿尔茨海默症护理中心》等 20 个项目荣获三等奖；高职组，长沙民政职业技术学院《智慧融自·中央热水节能管家》等 8 个项目荣获一等奖，湖北工业职业技术学院《老母荒百年老茶扶贫推广》等 12 个项目荣获二等奖，长沙航空职业技术学院《基于物联网的风力发电机螺栓智能监测系统》等 20 个项目荣获三等奖；应用技术型本科组，云南经济管理学院《蜜思优蜂》等 8 个项目荣获一等奖，四川工商学院《维数立方教育——升学与职前体验式研学实践平台》等 12 个项目荣获二等奖，六盘水师范学院《多功能夜视巡航搜救飞行器设计与研究》等 22 个项目荣获三等奖。

本章回顾

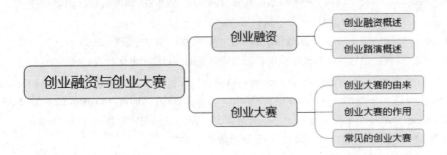

思考与练习

1. 创业路演有什么意义？

2. 从不同角度分析，中国"互联网+"大学生创新创业大赛的价值。

参 考 文 献

[1] 吴立保，吴政，邱章强. 我国大学生创新创业政策的变迁逻辑与政策建议——基于历史制度主义的分析[J]. 高等教育评论，2017(3).

[2] 程振伟. 供给更公平更高质量教育,共建美好生活共同体[EB/OL]. http://news.iqilu.com/meitituijian/20171101/3730788.shtml,2017-11-1.

[3] 佚名. 用新时代中国特色社会主义思想加快建设教育强国——访十九大代表、教育部党组书记、部 长 陈 宝 生 [EB/OL]. http://www.moe.gov.cn/jyb_xwfb/gzdt_gzdt/moe_1485/201710/t20171022_317071.html，2017-10-21.

[4] 席芳宽. 大学生职业发展与就业创业指导[M]. 上海：上海交通大学出版社，2016.

[5] 吴建章. 地方高校师范类大学生就业创业现状及对策分析[J]. 创新与创业教育，2016(7).

[6] 林春培. 企业外部创新网络对渐进性创新与根本性创新的影响——基于广东省创新型企业的实证研究[D]. 广州：华南理工大学，2012.

[7] 叶敏，谭润志，杨荣. 大学生创新创业教育[M]. 上海：上海交通大学出版社，2016.

[8] 江德兴. 马克思主义哲学原理[M]. 镇江：江苏大学出版社，2003.

[9] 杨向荣，陈伟. 大学生创新实践指导[M]. 北京：冶金工业出版社，2011.

[10] 王小峰. 创新筑梦 创业远航：从思维创新到实践创业[M]. 上海：上海交通大学出版社，2018.

[11] 赵俊亚，李明. 大学生创新创业教育[M]. 北京：清华大学出版社，2019.

[12] 官建文. 中国移动互联网发展报告[M]. 北京：社会科学文献出版社，2016.

[13] 袁树勋. 专家称要警惕高考弃考背后的教育资源分配不公[N]. 潇湘晨报，2013-06-17.

[14] 周苏. 创新思维与方法[M]. 北京：机械工业出版社，2016.

[15] Buzan T. 思维导图：放射性思维[M]. 李斯，译. 北京：作家出版社，1998.

[16] 赵国庆. 概念图、思维导图教学应用若干重要问题的探讨[J]. 电化教育研究，2012(5).

[17] D.N. Tran, L.A. Bero. Barriers and Facilitators to the Quality Use of Essential Medicines for Maternal Health in Low-resource Countries：An Ishikawa Framework[J]. *Journal of Gobal Health*，2015，5(1).

[18] K. Ishikawa. *Introduction to Quality Control.*[M]. 3rd ed. Tokyo: JUSE Press Ltd., 1990.

[19] 宋克勤. 创业成功学[M]. 北京：经济管理出版社，2002.

[20] 郁义鸿，李志能，罗博特·D.希斯瑞克(Robert D. Hisrich). 创业学[M].上海：复旦大学出版社，2000.

[21] 罗天虎. 创业学教程[M]. 西安：西北工业大学出版社，2004.

[22] 刘建钧. 创业投资原理与方略[M]. 北京：中国经济出版社，2003.

[23] 张国庆，程洪莉，王欢，等. 创新创业路径揭秘[M]. 北京：清华大学出版社，2019.

[24] 谷力群. 论大学生精神的培养[D]. 沈阳：辽宁大学，2013.

[25] 熊彼特. 经济发展理论[M]. 北京：商务印书馆，1990.

[26] 邹大光，赵婷婷. 中国高等教育大众化问题研究[M]. 北京：高等教育出版社，2004.

[27] 蔡莉，崔启国，史琳. 创业环境研究框架[J]. 吉林大学社会科学学报，2007(1).

[28] 高建，姜彦福，李习保，等. 全球创业观察中国报告：基于 2005 年数据的分析[M]. 北京：清华大学出版社，2006.

[29] M. Casson. *The Entrepreneurship：An Economic Theory*[M]. Totowa：Barnes & Noble Books, 1982.

[30] J.A. Timmons. *New Venture Creation：Entrepreneurship for the 21st Century*[M]. 5th ed. New York：McGraw-Hill Companies，1998.

[31] 北京中海投资管理有限公司，中关村创新研修学院. 中关村"创客军团"[M]. 北京：中国经济出版社，2016.

[32] 张利娟. 追逐在线教育风口[J]. 中国报道，2017(11).

[33] 刘万韬. 大学生创业与创新教程[M]. 天津：南开大学出版社，2016.

[34] 夏鲁青. 创业通识[M]. 北京：教育科学出版社，2017.

[35] 曹明. 基于 GEM 模型的中日创业环境比较研究[J]. 厦门理工学院学报，2007，15(2).

[36] 林娜. 营造和谐的发展和创业环境[J]. 理论探讨，2007(6).